10 YEAR
ANNIVERSARY

Cofounders: Taj Forer and Michael Itkoff
Designer: Ursula Damm
Copy editor: Laura Fredrickson

ISBN 978-0-9889831-3-7
Printed in China

Daylight Books
E-mail: info@daylightbooks.org
Web: www.daylightbooks.org

Daylight

TRANSCUBA

Mariette Pathy Allen

To Malu, Amanda, and Nomi, my friends in Cuba,
and to Michael Itkoff, who brought their lives to light.

Para Malu, Amanda y Nomi, mis amigas en Cuba,
y para Michael Itkoff, quien trajo sus vidas a la luz.

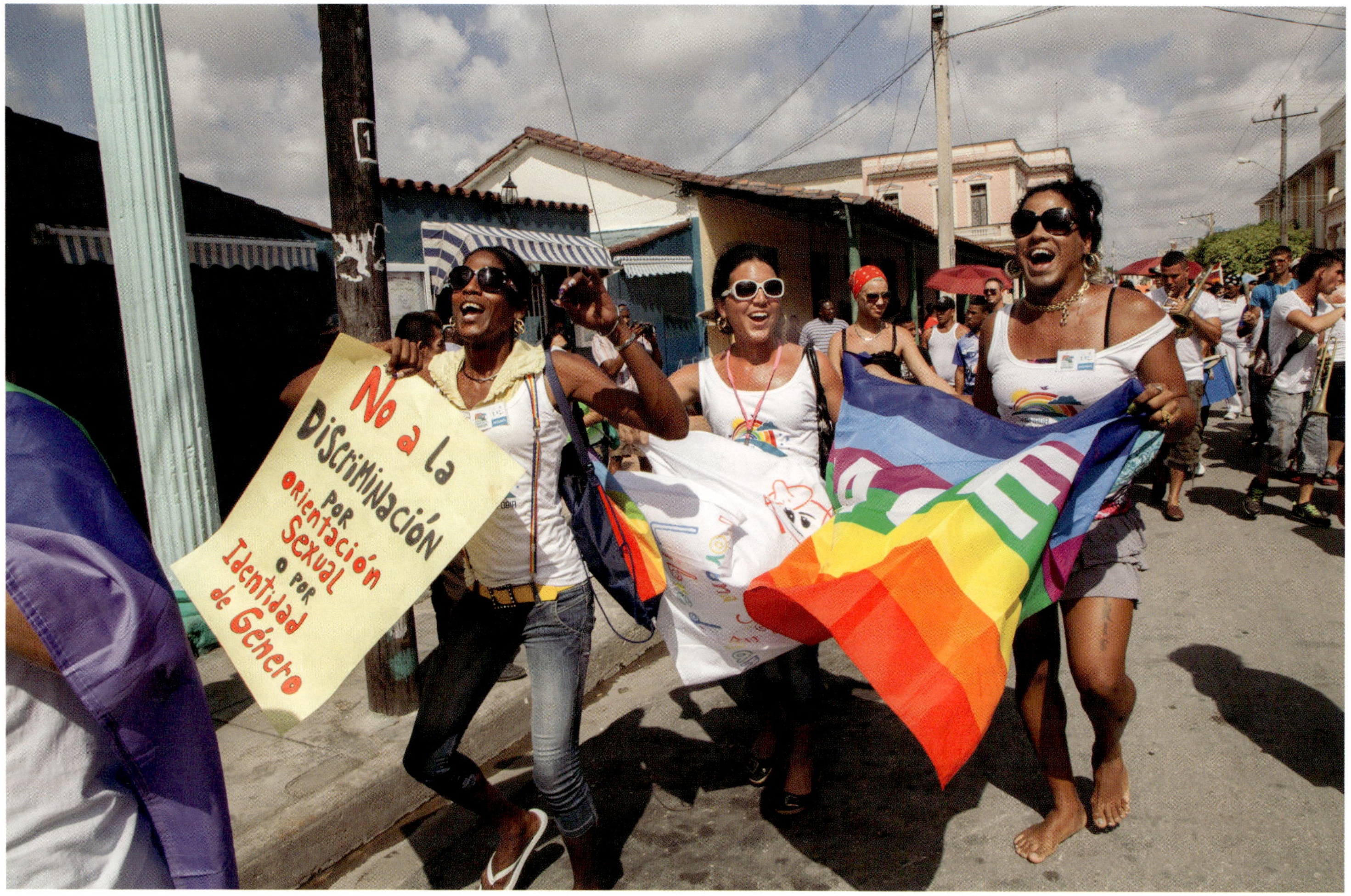

Kate, Yorsi, and Juana (left to right), during the Week Against Homophobia and Transphobia, Ciego de Ávila
Kate, Yorsi y Juana (de izquierda a derecha), durante la Semana Contra la Homofobia y la Transfobia, Ciego de Ávila

Unity in Diversity

Mariela Castro Espín

We dedicate this day to families because we want families to be conscious of their great social responsibility, so that all of our families, all of the people with the great social responsibility of being a parent, realize that there can't be any form of discrimination in the family, discrimination based in the prejudice that we've inherited from dominant societies. If we want to live in an emancipated society, we need to change our conscience. Our new human mentality is capable of transforming society, of changing the world. That is our small contribution to this huge project, this social project aimed at social equality, dignity for all.

This is the Cuban LGBTH movement. I add *H* for heterosexuals because I am here with you.

This is an excerpt from Mariela Castro Espín's speech at the beginning of the Week Against Homophobia and Transphobia, May 24, 2013.

Unidad en la Diversidad

Mariela Castro Espín

Dedicamos esta jornada a las familias porque queremos que la familia sea consiente de su gran responsabilidad social, para que todas nuestras familias, todos nosotros con la gran responsabilidad de ser padres y madres, consideremos que en la familia no debe haber ninguna forma de discriminación basada en prejuicios heredados de sociedades dominadoras. Si queremos lograr una sociedad plenamente emancipada debemos lograr cambiar las conciencias, esa mentalidad del ser humano, nuevo y nueva, capaz de transformar la sociedad, capaz de transformar al mundo. Ese es nuestro granito de arena en este proyecto gigantesco, este gran proyecto social histórico, por lograr igualdad social plena, dignidad plena del hombre y de la mujer.

Este es el movimiento cubano LGBTH. H, *porque yo estoy aquí con ustedes.*

Éste es un fragmento del discurso que dio Mariela Castro Espín al principio de la Semana Contra la Homofobia y la Transfobia, el 24 de Mayo, 2013.

Introduction

by Allen Frame

Mariette Pathy Allen has given us two important books on transgender already, *Transformations: Cross-Dressers and Those Who Love Them*, in 1989, about men who cross-dress, seen among their wives, children, and other family members, and *The Gender Frontier*, in 2004, an in-depth look at the politics of trans activism over the decade in which it was gaining traction, with portrait studies of some of the movement's leaders, as well as portraits of transgender youth.

Both books were groundbreaking–*Transformations* because it created a positive view of the subject and situated a little-understood preference squarely within middle-class American familial experience, and *The Gender Frontier* because it depicted a newly recognized human rights struggle with scope and sensitivity. Now, her book *TransCuba* takes us into a world that was, until recently, persecuted and forbidden, the trans experience in Cuba of anatomical males who live as women.

All of the subjects in *TransCuba* are old enough to have experienced the political oppression not just of trans life but also of homosexuality. Allen visits them at a time when they have newfound freedom, after a shift has occurred not only in governmental policy but also in the culture around them, toward acceptance and understanding.

This shift is recent, and there are deep-rooted macho and homophobic attitudes to contend with, especially in more provincial areas or isolated neighborhoods. Interviews with many of the subjects impart their stories, starting with struggles in the families they were reared in, continuing through school, and manifesting especially as they embrace their adult trans identities and try to get educational degrees and jobs.

For some, street sex work is still the only viable means of support. But others have found jobs they like, and one of the subjects, Malu, whose dramatic journey is told in one of the interviews Allen has included, is now the project coordinator at Cenesex, a counseling center founded to advocate tolerance of lesbian, gay, bisexual, and transgender issues. Cenesex plays a primary role in education concerning contraception and AIDS.

Malu imagines herself in ten years living in the US, the owner of a successful business. Once a top student, she spent time in prison but was immediately identified for her capability and assigned a responsible job, which led to other jobs when her two-year prison term was finished. Now at Cenesex, she works under Mariela Castro Espín, daughter of the president Raúl Castro and an advocate for LGBT rights.

The photographs of Malu are some of the book's most intense. Allen portrays her lying nude on a bed in a motel room, demonstrating her femaleness while joining the canon of outstretched nude muses (Olympia, Odalisque, Venus). There's a closeup of her at the Las Vegas Club, looking expectant and anxious. There's also a picture of her in the street in front of her parents' house in Cienfuegos, with her supportive father and younger sister in the background. The fact that she is in the street as a woman in the company of her family, a scene that seems everyday and natural, actually makes a powerful statement about trans life in Cuba today. Now it is possible for this kind of openness to exist, without shame or persecution; for Malu, there is self-acceptance, acceptance from family, and acceptance from society.

In her interview, Malu says that the person she has fallen for the hardest is only seventeen and now serving a jail term because of a fight he got into. Several of the trans women in the book have younger boyfriends. One photo shows Nomi's sixteen-year-old boyfriend, Miguel, in a barber shop, sporting a fashionable coif. He and some of the other boyfriends seem as particular in their style as the women. There's a role reversal going on here: instead of trophy wives, we see trophy "husbands," a nickname the trans women have for them. But in pictures like the one of Nomi sitting in her boyfriend's lap watching TV, their bonding feels genuine. We learn that Nomi is spending her days taking care of Miguel's grandparents, who are sick.

Except for some atmospheric pictures of nightlife at the Las Vegas Club, Allen eschews the exotic to focus on the satisfying comforts of domestic routine. Her subjects smile, they take it easy. We see Amanda's sandals neatly lined up in her bedroom, beneath the rainbow flag decal stuck on the window, and next to the table that holds a vase of artificial flowers and her nail polish, lipstick, and perfume. We see Amanda clowning with her young boyfriend, Henry, as Nomi's boyfriend, Miguel, stands by. Amanda leads the photographer to other households of friends, and Allen observes the small talk, the lack of drama in a context that has been overloaded with it. For some, this kind of everyday situation would be taken for granted, but in the cases of these trans women, this context is hard-won and still tenuous.

Allen's subjects have introduced her to the community they care about, and she photographs within that world, understanding that this calm represents a victory against oppression, a new status quo in which the simple pleasures of an open lifestyle are respected and allowed. The economics are still tough and opportunities limited, but the strength and dignity of self-knowledge and acceptance make a life worth living.

Introducción

por Allen Frame

Mariette Pathy Allen ya nos ha presentado dos libros importantes que tratan el tema de los transgéneros. En 1989 publicó *Transformations: Cross-Dressers and Those Who Love Them* (*Transformaciones: Travestis y las personas que los aman*), en el cual retrató a travestis junto con sus esposas, hijos y distintos miembros de la familia. En el 2004 publicó *The Gender Frontier* (*La frontera del género*), donde mostró la política del activismo trans durante la década en la que empezó a ganar tracción, junto con retratos de los líderes del movimiento político y de la juventud transgénero.

Ambos libros fueron innovadores: *Transformaciones*, ya que creó una imagen positiva de un tema que muy pocos entendían y situó en el entorno familiar de la clase media americana. *La frontera del género*, ya que representó con sensibilidad la lucha por los derechos humanos que recién empezaba a ser aceptada por la sociedad. Su nuevo libro, *TransCuba*, nos traslada a un mundo que hasta hace poco era prohibido y condenado, nos muestra la experiencia por la que han pasado personas que nacieron anatómicamente como hombres que se encuentran viviendo como mujeres en Cuba.

Todas las personas en *TransCuba* son lo suficientemente mayores para haber vivido la opresión política de la vida trans y la homosexualidad. Allen los visita durante una nueva etapa de libertades recién descubiertas, gracias a que ha habido un cambio no solo en la política gubernamental, sino también en la cultura que los rodea, hacia la aceptación y el entendimiento. Este cambio es reciente y todavía existen actitudes machistas y homofóbicas con las que lidiar, especialmente en las zonas más provinciales y pueblos aislados del país. Las entrevistas a los distintos sujetos nos presentan parte de sus historias, las dificultades que tuvieron con sus familias, en la escuela y los pensamientos que tienen ahora que han aceptado sus identidades trans e intentan tener títulos universitarios y trabajos.

Para algunas, trabajar como prostitutas sigue siendo el único modo viable de ganarse la vida. Otras han conseguido trabajos con los que están contentas. Uno de estos personajes, Malu, cuya dramática historia aparece en una de las entrevistas que Allen ha incluido en el libro, es ahora la coordinadora del Cenesex, un centro de asesoramiento fundado para defender los problemas de tolerancia de las lesbianas, homosexuales, bisexuales y transgéneros. El Cenesex tiene un rol importante en cuanto a la educación sexual, los contraceptivos y el SIDA en Cuba.

Malu se imagina a sí misma como la dueña de un negocio exitoso en los póximos diez años. Fue una buena estudiante de joven, pasó un tiempo en prisión pero inmediatamente vieron su capacidad de liderazgo y fue asignada a un trabajo, lo que la llevó a otros trabajos al terminar su sentencia. Ahora trabaja para Mariela Castro Espín, hija del presidente Raul Castro y defensora del movimiento LGBT, en el Cenesex.

Las fotografías de Malu son de las más intensas del libro. Allen la retrata desnuda en la cama de un motel. Mostrando su feminidad parece una musa desnuda como lo fueron Olimpia, Odalisca y Venus. Hay un retrato de ella en el Club Las Vegas, ansiosa e impaciente. Una foto de ella frente a la casa de sus padres en Cienfuegos, con su papá y su hermana menor en el fondo. El hecho de que esté en la calle como mujer acompañada por su familia, una escena tan cotidiana y natural, hace una fuerte declaración sobre la vida como trans en la actualidad en Cuba. Ya es finalmente posible que exista esta apertura, sin vergüenza ni persecución. A Malu ya la acepta su familia y la sociedad y ya ella se acepta como es.

En su entrevista, Malu dice que la persona que más le ha gustado tiene apenas 17 años y está cumpliendo tiempo en prisión por una pelea en la que estuvo. Varias de las mujeres trans en el libro tienen novios jóvenes. Una foto muestra al novio de 16 años de Nomi, Miguel, en una barbería con el peinado de moda. Tanto él como el resto de los novios parecieran ser tan particulares con su estilo como lo son con las mujeres con las que salen. Pareciera existir un intercambio de roles, en vez de tener a hombres que exhiben a sus esposas tenemos a mujeres que exhiben a sus "maridos", el sobrenombre que muchas de las mujeres trans le ponen a sus novios. Aún así, en fotos como la de Nomi sentada viendo televisión en las faldas de su novio, la unión se siente genuina. Aprendemos que Nomi pasa sus días cuidando a los abuelos enfermos de Miguel.

A excepción de algunas de las fotos atmosféricas de la vida nocturna en el Club Las Vegas, Allen se enfoca en mostrarnos las comodidades de la rutina doméstica. Sus sujetos sonríen, se toman la vida con calma. Vemos las sandalias de Amanda alineadas en su habitación, bajo una bandera de arcoíris en su ventana y junto a una mesa con un jarrón de flores plásticas, pinturas de uña, pinturas de labio y perfumes. Vemos a Amanda payaseando con su novio Henry mientras el novio de Nomi, Miguel, observa. Amanda dirige a la fotógrafa hacia otras de sus amistades y Allen observa las conversaciones y la falta de drama que existe en un entorno que generalmente se encuentra lleno de drama. Muchas personas darían por sentado estas normalidades del día a día, para las mujeres trans llegar a este estado de normalidad es difícil y tenue.

Los sujetos de Allen la han introducido a la comunidad que ellos tanto atesoran y le han dado la oportunidad de fotografiar dentro de ese mundo, entendiendo que la tranquilidad en la que están viviendo representa una victoria contra la opresión, un nuevo estatus en donde se respeta y permite vivir una vida pública. La economía sigue siendo difícil y las oportunidades siguen siendo limitadas, pero la fuerza que nace al sentir dignidad y aceptación hace que la vida que están viviendo valga la pena.

Transgender in Cuba | Reflections
LOOKING OUT

by Wendy Watriss (FotoFest International, 2013)

One thing that strikes you as you look at the transgender world of Mariette Pathy Allen's work in Cuba is its openness. Her protagonists look at the world frontally. There are no apologies, no seeming hesitancy. They are handsome and bold. There is a wholeness to their world that challenges stereotypes of transgender communities everywhere, and particularly those about Cuba.

Ten to twenty years ago, working in Cuba with artists and intellectuals, one quickly became aware of the suspicion and discrimination directed at gays and lesbians. After the revolution of the late 1950s, a deep-seated macho culture was reinforced by the moral puritanism that has characterized communist rule throughout the world. It created a poisonous environment for homosexuality and other forms of sexual variance in Cuba for more than forty years.

But this book reveals remarkable change. Looking at the images of Amanda, Nomi, Malu, and their friends portrayed by Mariette Pathy Allen, one encounters individuals who are unabashedly open in their affection and physical relations with one another. They show a joyousness that belies the material and psychological difficulties of everyday life: the scarcities that make everything from shampoo, soap, and makeup to critical medical supplies a matter of constant concern. There are also the emotional pressures of continued bullying in school and ongoing legal restrictions on job opportunities.

Today, however, the people in this book openly engage with life and with each other. They have legal rights. The inherent tolerance of Cuban society has reasserted itself. Like so many Cubans, these people overcome the psychological and political uncertainties that continually challenge emotional security and physical comfort in Cuba. The individuals show a sense of generosity toward each other, a sharing that is often muted in societies of greater wealth and well-being.

Mariette Pathy Allen's photographs of the Cuban transgender people focus on these qualities. The vibrant color of the photographs enhances the sense of life that emanates from these images and people's close physical interaction with each other. There is a tangible quality to the images and the people within them, even in their moments of repose. They are photographed as whole people at ease with their bodies and each other.

When asked how she would describe the transgender community she knows in Cuba, there is no delay in Mariette Pathy Allen's response:

- They don't seem depressed.
- They are kind and generous toward each other.
- No one complains.
- There is a sense of sharing.
- There is a lot of laughter and good humor.

- They are smart, very bright people, resourceful and active.
- They know how to improvise.
- They are not on drugs.
- They are not angry or resentful.
- They took care of me.
- I didn't have to feel bad because I had more, being a tourist and having money.

When asked, why Cuba? she answers, "Cuba itself remains a mystery to so many people. But there is a lot of exchange and influence back and forth. Maybe it's about reaching out to Cuba through this community.

"At the simplest level, I want Cubans to know these people better, and I want to help Mariela Castro Espín's mission to eliminate discrimination against gender-variant people.[1] "Going beyond Cuba," she says, "I want the rest of the world to end transphobia and homophobia, to stop violence and discrimination based on gender identity and expression and sexual orientation."[2]

At a time when the effectiveness of documentary photography is being challenged everywhere, the pictures in this book are a successful antidote to these doubts. They open the door to a world that is little known and rarely seen.

1. Mariela Castro Espin is the daughter of Cuban president Raúl Castro, the brother of Fidel Castro. She is well known and respected for her work to support the rights of sexual minorities in Cuba. She is the director of the Cuban National Center for Sex Education (Cenesex) in Havana. Vilma Espin, Mariela's mother, who was a member of an activist women's organization, founded Cenesex in 1989. If offered sex education—especially about AIDS prevention and treatment—and legal, medical, and psychological help for homosexual and transgender people. Mariela Castro Espín continued Cenesex's work with renewed energy and dedication, and in 2005 she proposed a project to allow transgender people to receive sex reassignment surgery and change their legal gender. The measure became law in June 2008.

2. A phone interview with Mariette Pathy Allen by Wendy Watriss, October 2013.

Transgénero en Cuba | Reflexiones
VIENDO HACIA AFUERA

por Wendy Watriss (FotoFest International, 2013)

Una de las primeras cosas que sorprende al ver el trabajo que ha hecho Mariette Pathy Allen sobre los transgéneros en Cuba es lo abiertos que son. Las protagonistas de este libro ven al mundo de frente, sin pena, sin dudas. Son guapas y audaces. Hay una integridad en el mundo de ellas que desafía los estereotipos de la comunidad transgénero de todos lados y, particularmente, de Cuba.

Hace diez a veinte años, cuando uno trabajaba en Cuba con artistas e intelectuales, uno se daba cuenta inmediatamente de la discriminación y sospecha que existía hacia los homosexuales y las lesbianas. Después de la revolución de los años cincuenta, la cultura machista que ya existía fue reforzada por el puritanismo moral que caracterizaba a los gobiernos comunistas del mundo. Esto creó un ambiente venenoso para la homosexualidad y otras formas de variación sexual en Cuba por más de cuarenta años.

Este libro revela cambios notables. Al ver las fotos que tomó Mariette Pathy Allen de Amanda, Nomi, Malu y sus amigas, uno se encuentra con personas que son descaradamente abiertas en cuanto a su afecto y las relaciones físicas de unas con otras. Muestran una felicidad que desmiente las dificultades materiales y psicológicas de la vida cotidiana: la escasez que hace que todo, desde el shampoo, el jabón y el maquillaje hasta suministros médicos, sea una preocupación constante. También existe la presión emocional que ocurre gracias a la intimidación en la escuela y que continúa cada vez que se enfrentan ante restricciones legales cada vez que aparece una oportunidad de trabajo.

Hoy en día las personas en este libro pueden vivir sus vidas e interactuar con otros abiertamente. Tienen derechos legales. La tolerancia de la sociedad Cubana se ha reafirmado. Como muchos Cubanos, estas personas han superado la incertidumbre política y psicológica que desafía continuamente la seguridad emocional y comodidad física en Cuba. Las personas demuestran una gran generosidad las unas hacia las otras, comparten de una manera que no existe en otras sociedades de mayor riqueza y bienestar.

Las fotos de los transgéneros cubanos de Mariette Pathy Allen se enfocan en estas cualidades. Los colores vibrantes de las fotos hacen que se sienta la vida que emana de estas imágenes y de la interacción física tan cercana entre las personas. Las imágenes y las personas en ellas tienen una calidad palpable, aún en momentos de reposo. Son fotografiados como personas a gusto con sus cuerpos y con los demás.

Cuando alguien le pregunta a Mariette Pathy Allen cómo describe a la comunidad transgénero en Cuba, ella rápidamente responde:

- No se ven deprimidos.
- Son amables y generosos los unos con los otros.
- Nadie se queja.

- Comparten.
- Hay muchas risas y buen humor.
- Son personas muy inteligentes, ingeniosas y activas.
- Saben improvisar.
- No consumen drogas.
- No están bravos o resentidos.
- Me cuidaron.
- No me sentí mal de tener más, de ser turista y tener dinero.

Cuando le preguntas, "¿por qué Cuba?" te responde, "Cuba sigue siendo un misterio para tantos. Pero existe mucho intercambio y mucha influencia. A lo mejor todo esto es para tratar de llegarle a Cuba a través de su comunidad."

"Básicamente quiero que Cuba conozca mejor a estas personas, y quiero ayudar con la misión de Mariela Castro Espín de eliminar la discriminación.[1] Más allá de Cuba, quiero que se acabe la transfobia y la homofobia en el mundo, que se acabe la violencia y discriminación basada en la identidad y expresión del género, y la orientación sexual de una persona."[2]

En un momento en el que la eficacia de la fotografía documental está siendo desafiada por todas partes, las fotos de este libro sirven como un antídoto exitoso para aquellos que dudan. Abren la puerta a un mundo del que se conoce poco y no se ve mucho.

1. Mariela Castro Espín es la hija del presidente de Cuba, Raúl Castro, el hermano de Fidel Castro. Es conocida y respetada por su trabajo apoyando los derechos de la diversidad sexual en Cuba y es la directora del Centro Nacional de Educación Sexual (Cenesex) en La Habana. Vilma Espín, la madre de Mariela, era miembro de una organización de mujeres activistas y fundó el Cenesex en 1989. Ofrecían educación sexual, particularmente con respecto al tratamiento y la prevención del SIDA, y apoyo legal, médico y psicológico para personas homosexuales y transexuales. Mariela Castro Espín continuó el trabajo del Cenesex con una nueva energía y dedicación y, en el 2005, propuso un proyecto que le permite a las personas transgénero recibir cirugía de reasignación sexual y cambiar su sexo legalmente. Esta ley pasó en Junio de 2008.

2. Una llamada hecha por Wendy Watriss a Mariette Pathy Allen en Octubre, 2013.

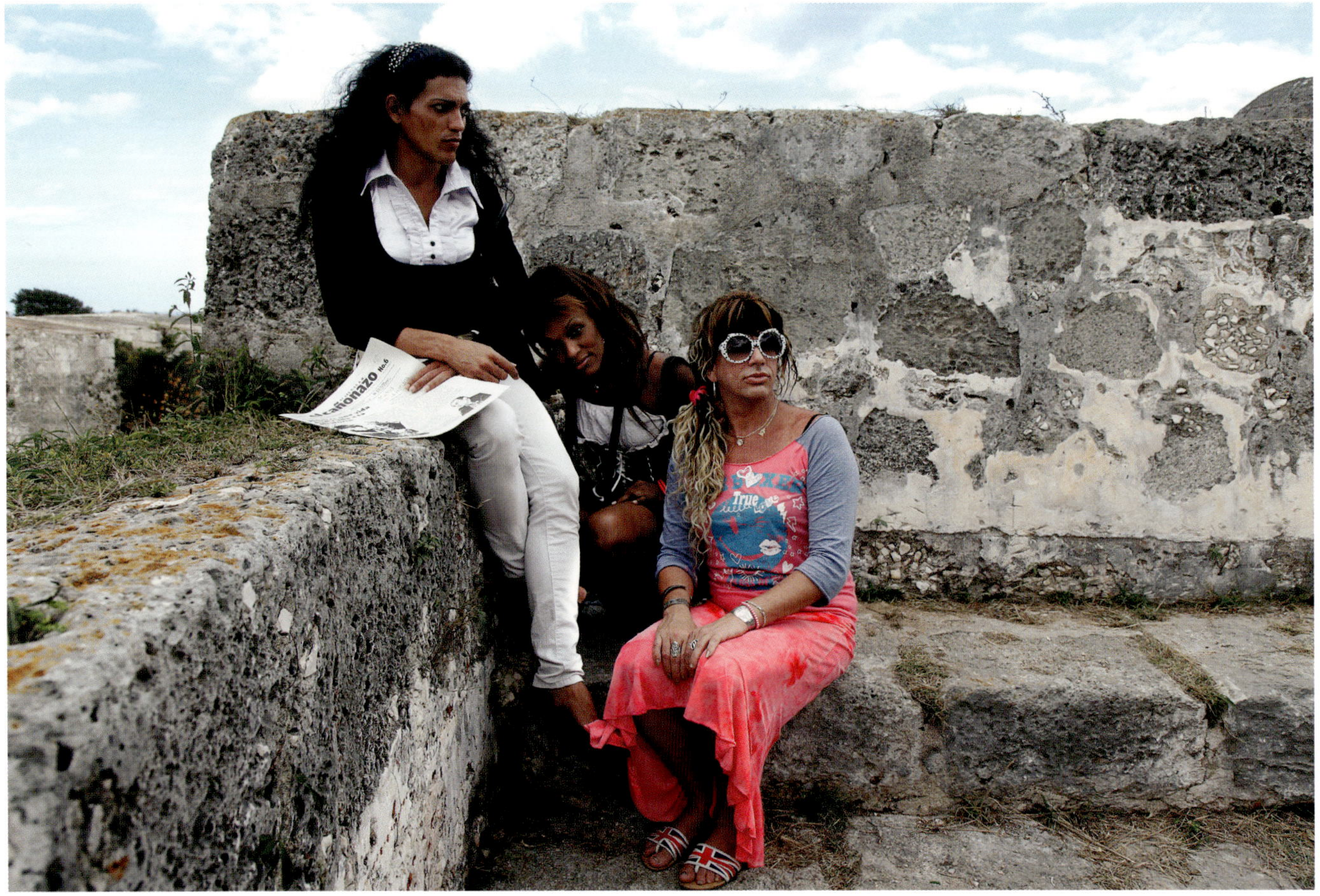

Malu, Nomi, and Amanda, Havana
Malu, Nomi y Amanda, La Habana

TRANSCUBA

by Mariette Pathy Allen

For the past thirty-five years, I have been involved with the transgender community as a photographer, writer, advocate, ally, and friend. My focus remains the same as when I started: the de-freakification of gender-variant people. Just in the process of living their lives, people who are gender nonconforming make profound questions visible: What is the relationship between body and mind? What does "man" or "woman" mean? Finally, what is the essence of a human being?

Although I have done most of my work in the United States, I have been active in other countries as well, and in January 2012, I took my first trip to Cuba. I participated in a conference with members of the World Professional Association for Transgender Health, who were invited to Cuba by Mariela Castro Espín through Cenesex, an educational organization that provides medical and psychological services to transgender and homosexual people. It's headquartered in a beautiful old building in a quiet neighborhood in Havana, where it serves as a gathering place for this community.

As part of the conference, we were invited to spend an evening at the Las Vegas Club, one of Havana's liveliest drag performance venues. Within the club's fanciful decor, female impersonators in spectacular outfits poured their hearts out as they lip-synched to tragic, romantic music. Enthusiastic groups of gender-nonconforming women, looking stylish and original, cheered them on and mingled with the rest of the audience. I was eager to meet the women, and was immediately drawn to Amanda by her obvious charm and her less-polished appearance, which made me feel that she might be easier to get to know. We had an instant connection, and she held my hand as we walked to the bar. Then, through another photographer, I met Nomi, who was brimming with energy and goodwill. I was very impressed to discover that she had taught herself to speak English.

I ended up spending most of the next week in the company of Amanda and Nomi. We walked miles around the city, over Havana's dramatically uneven streets, visiting places and people they knew, or standing in long lines waiting to change money or to charge their cell phones. On my last night in Havana, as we were walking to my hotel, we were stopped by a policeman. He asked Nomi and Amanda for their identity cards and wrote the information in a book. They accepted the situation with dignity. "We're used to it. He probably thinks it's strange that we're here with you," Nomi explained.

I met Malu on another night at the Las Vegas Club, but I didn't get to know her until my next visit, in February 2013, because Amanda had become her roommate. Malu is a natural leader, organized, determined, and generous. As "the best-known transgender person in Cuba," she introduced me to most of the people I met on my next three visits.

As Cuba transitions from strict communism to a more inclusive socialism, private enterprise is gradually becoming acceptable, and outside influences are palpable. Sexual minorities in this macho-inclined country are becoming more visible and less despised. Gone are the work camps where individuals of "corrupt morals" were sent to provide free labor to the revolution. Many of these workers were homosexual or transgender. It was a time before the term *transgender* was understood, much less accepted as part of the language.

It seems to me that the changes being made by the Cuban government are most obvious when we look at the people who, by their nature, need to transition from their birth gender. I see transgender Cubans as a metaphor for Cuba itself: people living between genders in a country moving between doctrines. As restrictions decrease, discrimination against people who are gender nonconformists is becoming less prevalent. A lot of credit for making their lives easier belongs to Raúl Castro's daughter Mariela, a sexologist. She is making her own revolution by revitalizing Cenesex; creating antidiscrimination campaigns and celebrations; working to improve legal, psychological, and medical treatment, including gender reassignment surgery; and fostering closer connections between sexual minorities in Havana and around the country.

Malu, Amanda, and I traveled around Cuba together. We visited their families and friends, including the only person they knew who transitioned from female to male. We went to the beach and to performances and other special events. One night in Camagüey we checked out a cruising area in a beautiful public park replete with stone sculptures and a monument. We spent a few evenings at Havana's Malecon, in the area where men go to look for gay boys or trans women, and we spent four days participating in the annual celebration of the Week Against Homophobia and Transphobia.

Malu organized visits with many remarkable people who were open to sharing the stories of their lives with me. I found that the farther we traveled from Havana, the more prejudice these women had encountered, and in many cases, their poverty level was alarming. When someone transitions from living as a man to living as a woman, work opportunities dwindle, and prostitution becomes one of the only ways to survive.

Although all the women I met are highly individual, they all seemed to want the same thing romantically: a cute teenage boyfriend, whom they referred to as their "husband." On the other hand, if the transgender woman was very young, she wanted a much older man. I hardly found anyone who wanted to be involved with someone her own age, and I never met anyone who was attracted to women or other transgender women. When I asked the women why they wanted these young boys, most said, "They're so beautiful!" To me, this romantic tradition is one more variation along the gender-identity and sexual-orientation continuums, and I love the blurring of sex and gender stereotypes.

The people who comprise what we understand as transgender have always existed, but the understanding of who they are and how they can participate in society is new. As the Cuban population as a whole gains greater personal freedom, it will hopefully continue to be reflected in the treatment of sexual minorities. I can envision a future time when mainstream society will be so free of judgment and prejudice that gender-variant people will be appreciated as teachers who show the rest of us how to liberate ourselves from the rigidity of gender roles and find alternative ways of integrating mind and body. For now, though, I just want to celebrate the inherent beauty, artistry, and humor of the Cubans I was so fortunate to meet.

TRANSCUBA

por Mariette Pathy Allen

Durante mis últimos trienta y cinco años he estado involucrada con la comunidad transgénero como fotógrafa, escritora, defensora, aliada y amiga. Mi enfoque sigue siendo el mismo que tenía cuando empecé: quitarle la etiqueta de engendros a las personas de géneros variantes. A lo largo de sus vidas estas personas sacan a la luz muchas preguntas: ¿Cuál es la relación entre mi cuerpo y mi mente? ¿Qué significa ser "hombre" ó "mujer"? Y finalmente, ¿cuál es la esencia del ser humano?

Aunque la mayoría de mi trabajo ha sido hecho en los Estados Unidos también he estado presente en otros países. En enero del 2012 viajé por primera vez a Cuba, fui a participar en una conferencia con miembros de la Asociación Mundial Profesional para la Salud de los Transgéneros, quienes fueron invitados a Cuba por Mariela Castro Espín a través del Cenesex, una organización educacional que suministra servicios médicos y psicológicos a personas homosexuales y transgéneros. Su sede principal se encuentra en un edificio antiguo en un vecindario muy tranquilo de La Habana, que sirve como centro de encuentro para esta comunidad.

Durante la conferencia fuimos invitados a pasar una noche en el Club Las Vegas, uno de los escenarios con las presentaciones transformistas más animadas de La Habana. Dentro de este club fantásticamente decorado, se encuentran mujeres espectacularmente vestidas desahogándose mientras cantan canciones trágicas y románticas. Grupos de fanáticos las animan mientras se desenvuelven con el resto de la audiencia. Estaba entusiasmada por conocer a las mujeres y estuve atraída inmediatamente a Amanda, gracias a su encanto y apariencia un poco desarreglada, cosa que me hizo sentir que podría ser más fácil llegar a conocerla. Tuvimos una conexión instantánea y, mientras ella agarraba mi mano, caminamos al bar. Luego, a través de otro fotógrafo, conocí a Nomi, quien rebosaba de energía y buena voluntad. Me impresionó mucho descubrir que había aprendido inglés por su propia cuenta.

Terminé pasando la mayoría de la semana siguiente acompañada por Amanda y Nomi. Caminamos millas alrededor de la ciudad, sobre las calles dramáticamente desiguales de La Habana, visitando los lugares y las personas a las que ellas conocen, o paradas en largas colas para intercambiar dinero o cargar sus teléfonos celulares. En mi última noche en La Habana, mientras caminábamos hacia el hotel, nos paró un policía. El policía les pidió sus tarjetas de identificación y escribió toda la información en un cuaderno. Ambas aceptaron la situación con dignidad. "Estamos acostumbradas, probablemente piensa que es extraño que estemos caminando contigo," me explicó Nomi.

Me presentaron a Malu durante otra visita al Club Las Vegas. Llegué a conocerla mejor durante mi segundo viaje a Cuba en enero del 2013 ya que Amanda se había convertido en su compañera de cuarto. Malu es una líder nata, organizada, determinada y generosa. Como "la persona transgénero más conocida de Cuba" fue ella quien me presentó a la mayoría de las personas que conocí durante mis tres visitas.

Mientras Cuba pasa de ser un estricto comunismo a un socialismo más inclusivo la sociedad ha ido aceptando cada vez más a las empresas privadas y las influencias del exterior se han ido haciendo más evidentes.

Minorías sexuales se están haciendo más visibles y menos deploradas dentro de la cultura machista del país. Ya quedaron en el pasado los campos de concentración a los cuales enviaban a las personas de "morales adulterados", la mayoría homosexuales y transgéneros, a proveer mano de obra gratis para la revolución. Pasó mucho tiempo para que el término transgénero fuese entendido por la sociedad, y mucho más para que éste fuese aceptado cómo parte del lenguaje.

Me parece que el cambio por el que está pasando el gobierno cubano es más obvio al observar a las personas que buscan un cambio de género sexual. Yo veo a los transgéneros cubanos como una metáfora de Cuba; personas viviendo entre géneros y un país viviendo entre doctrinas. Mientras hay menos restricciones la discriminación contra las personas que no están conformes con su género son menos frecuentes. Mucho del crédito se lo lleva la hija del Raúl Castro, Mariela Castro Espín, una sexóloga. Mariela ha creado su propia revolución a través del Cenesex, a través de campañas y celebraciones contra la discriminación y de tratamientos médicos como la cirugía de reasignación sexual, al igual que ayudando a fomentar conexiones entre minorías sexuales en La Habana y a lo largo del país.

Malu, Amanda y yo viajamos por Cuba juntas. Visitamos a sus familiares y amigos, incluyendo a la única persona que conocen que ha hecho la transición de mujer a hombre. Fuimos a la playa, a espectáculos y a otros eventos. Una noche en Camagüey paseamos por un parque público hermoso, repleto de esculturas y monumentos de piedra.

Pasamos algunas noches en el malecón de La Habana, en el área que visitan los hombres cuando buscan a muchachos homosexuales o mujeres trans, y pasamos cuatro días participando en la semana contra la homofobia y la transfobia, que se celebra anualmente.

Malu organizó varias visitas con personas increíbles que compartieron sus vidas conmigo. Mientras más lejos viajábamos de La Habana me iba dando cuenta que existía mucho más prejuicio contra las mujeres a las que conocí. En muchos casos los niveles de pobreza en los que viven son alarmantes. Cuando alguien hace la transición de hombre a mujer las oportunidades de trabajo disminuyen y la prostitución se convierte en una de las únicas maneras que existen para sobrevivir.

Aunque todas las mujeres que conocí eran muy individuales, todas parecieran tener en común los mismos deseos románticos: un novio adolescente a quien referirse como su "marido". Si la mujer transgénero era muy joven solía querer a un hombre mucho mayor que ella. Rara vez encontré a alguien que estuviese en una relación con otra persona de su misma edad, y nunca llegué a conocer a alguien que estuviese atraída por otra mujer u otra transgénero. Cuando le preguntaba a las mujeres por qué querían a muchachos tan jóvenes la mayoría respondía, "¡son tan bellos!" Para mí esta tradición romántica es una de las tantas variantes del mundo de la orientación sexual y me encanta cuando se empiezan a mezclar los distintos estereotipos sexuales.

Las personas que forman parte de lo que nosotros llamamos transgéneros siempre han existido, comprender quiénes son y cómo pueden formar parte de la sociedad es un nuevo concepto. Espero que la nueva libertad que se empieza a experimentar en Cuba se manifieste en la manera en la que tratan a las minorías sexuales del país. Yo me imagino un futuro con una sociedad tan libre de juicio y prejuicio que las personas de género variante puedan actuar como maestros que nos enseñen cómo liberarnos de la rigidez de nuestros roles sexuales y encontrar formas alternativas de integrar nuestro cuerpo y mente. Por ahora quisiera celebrar la belleza, el arte y el humor de todos los cubanos a quienes tuve la suerte de conocer.

Malu with her parents and sister, in front of their home, Cienfuegos
Malu con sus padres y su hermana frente a su casa, Cienfuegos

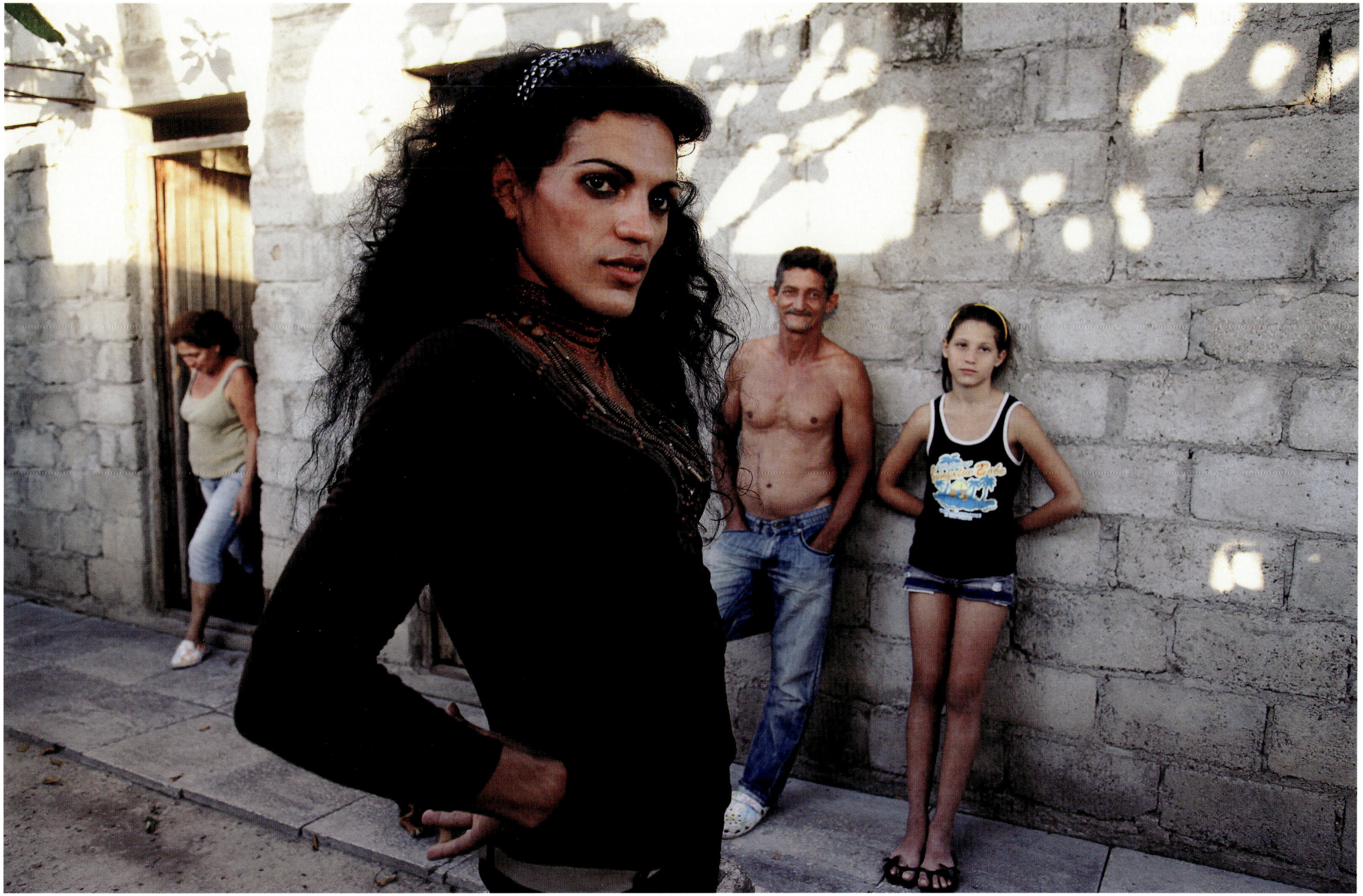

Taxi, Havana
Taxi, La Habana

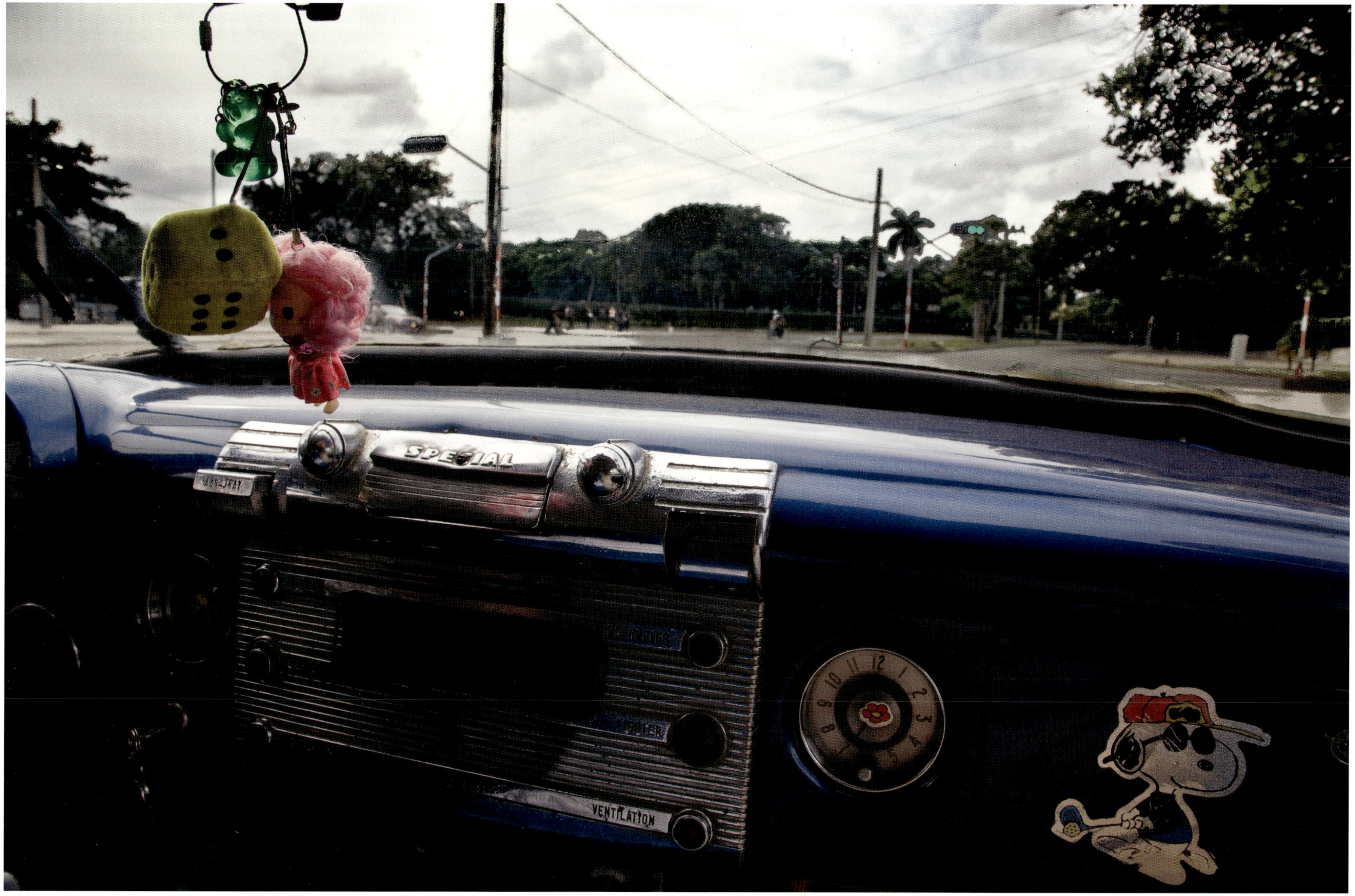
VENTILATION

Amanda at home, Havana
Amanda en su casa, La Habana

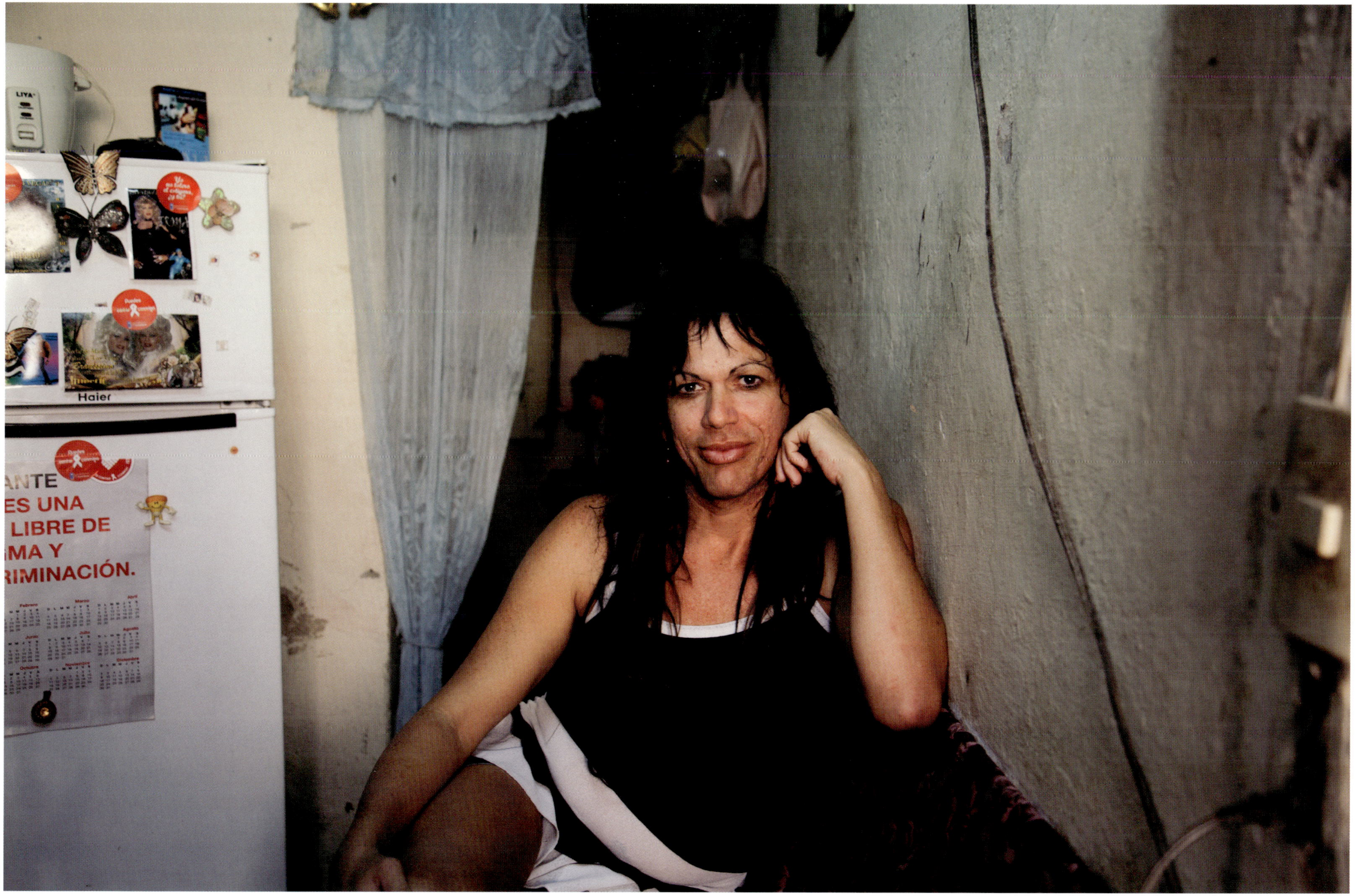
LIYA
Haier
ANTE
ES UNA
LIBRE DE
MA Y
RIMINACIÓN.

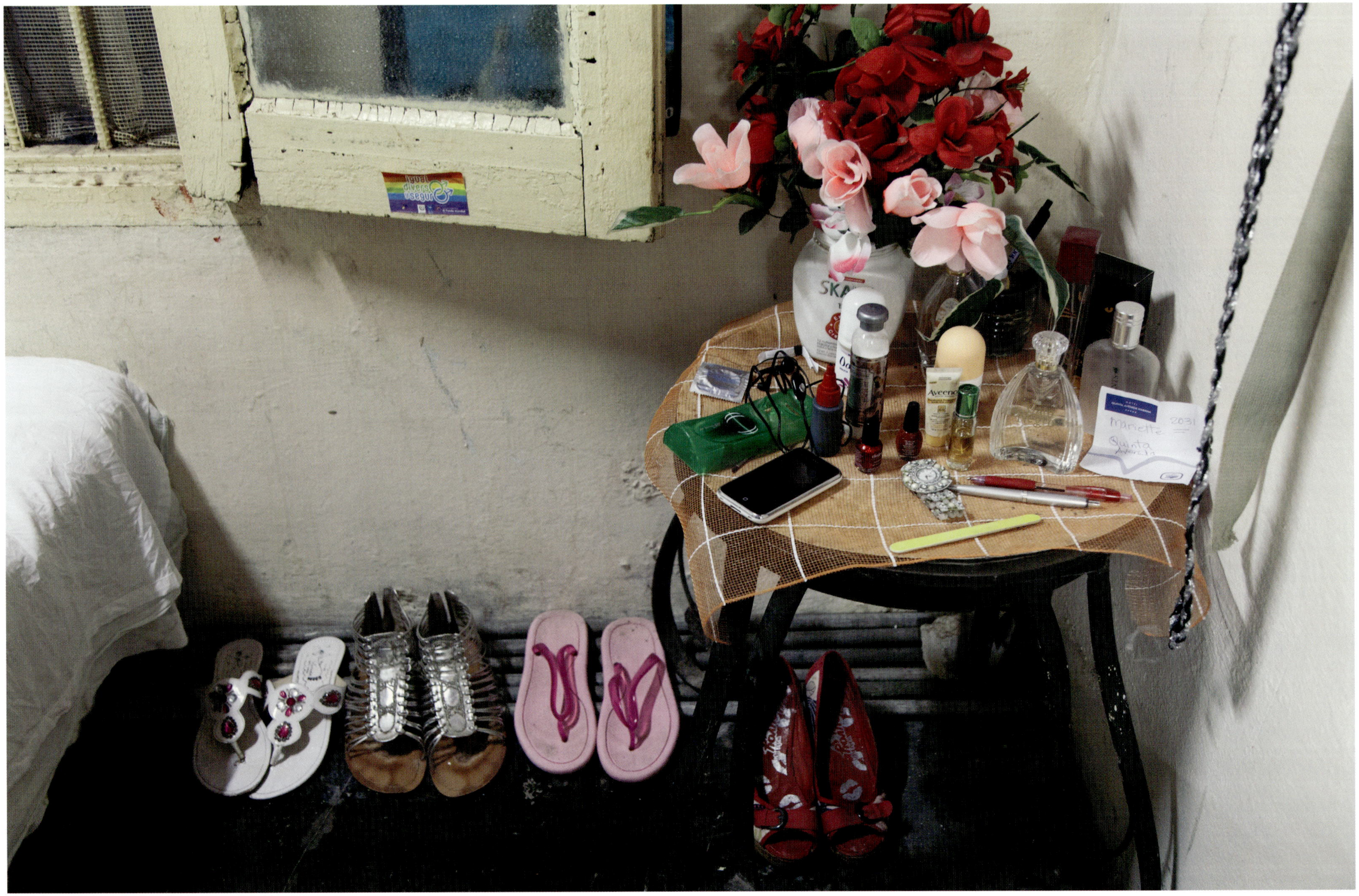

In Amanda's home, Havana | *En casa de Amanda, La Habana*

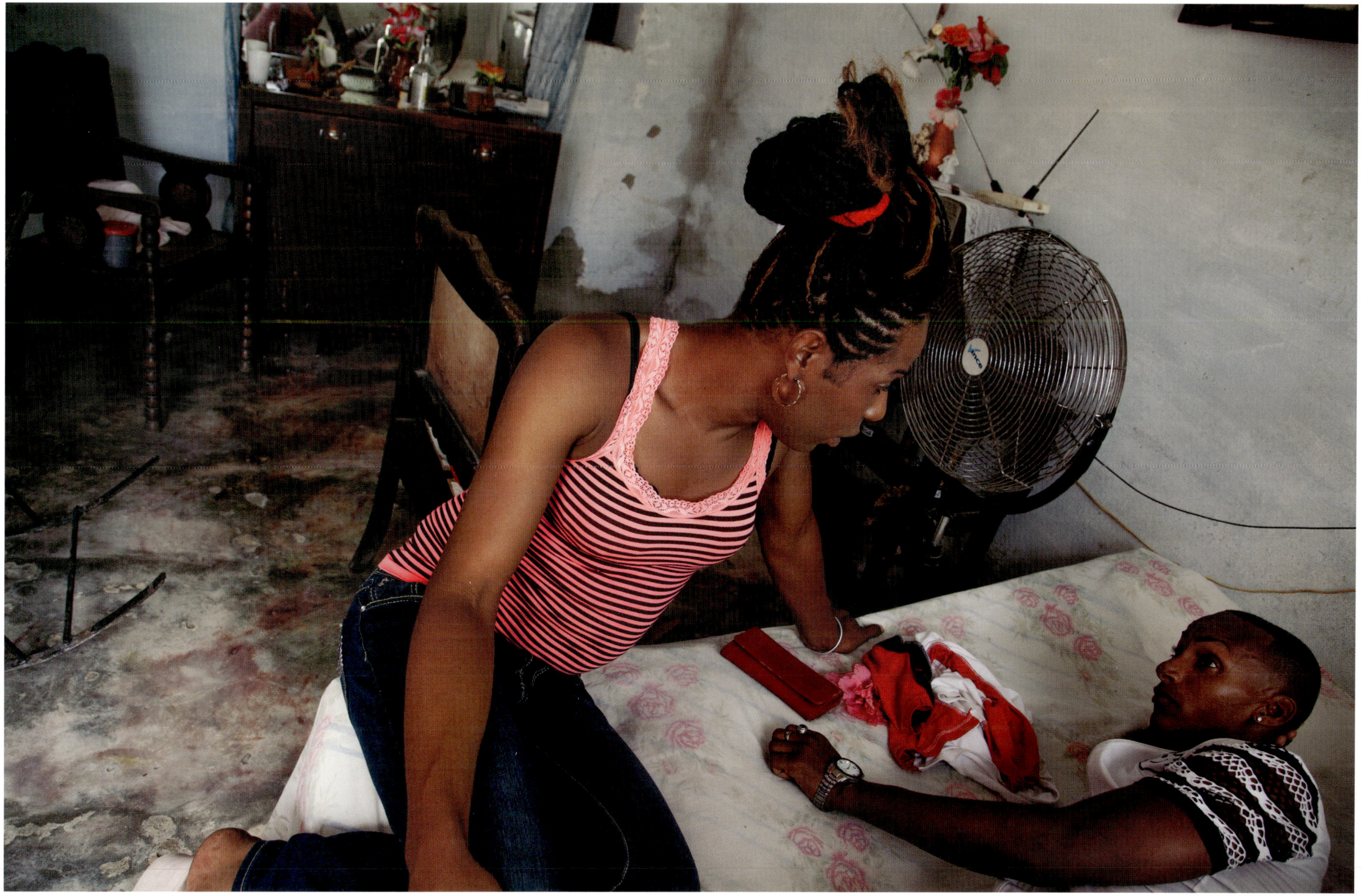

Erika with her boyfriend, Cienfuegos | *Erika con su novio, Cienfuegos*

Nomi and Amanda in a hotel lobby, Havana
Nomi y Amanda en el lobby de un hotel, La Habana

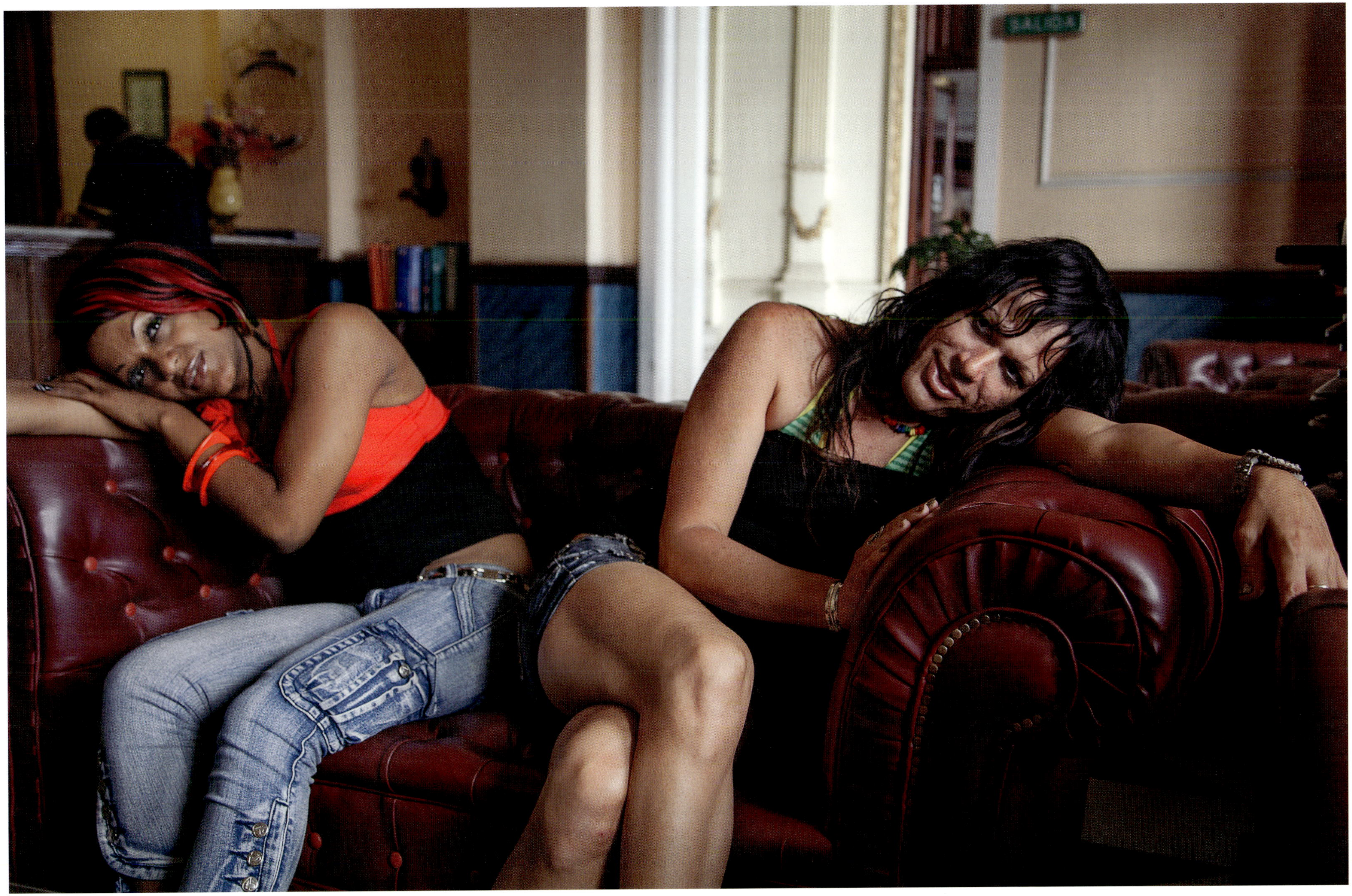
SALIDA

Malu on a roof, Havana
Malu en un techo, La Habana

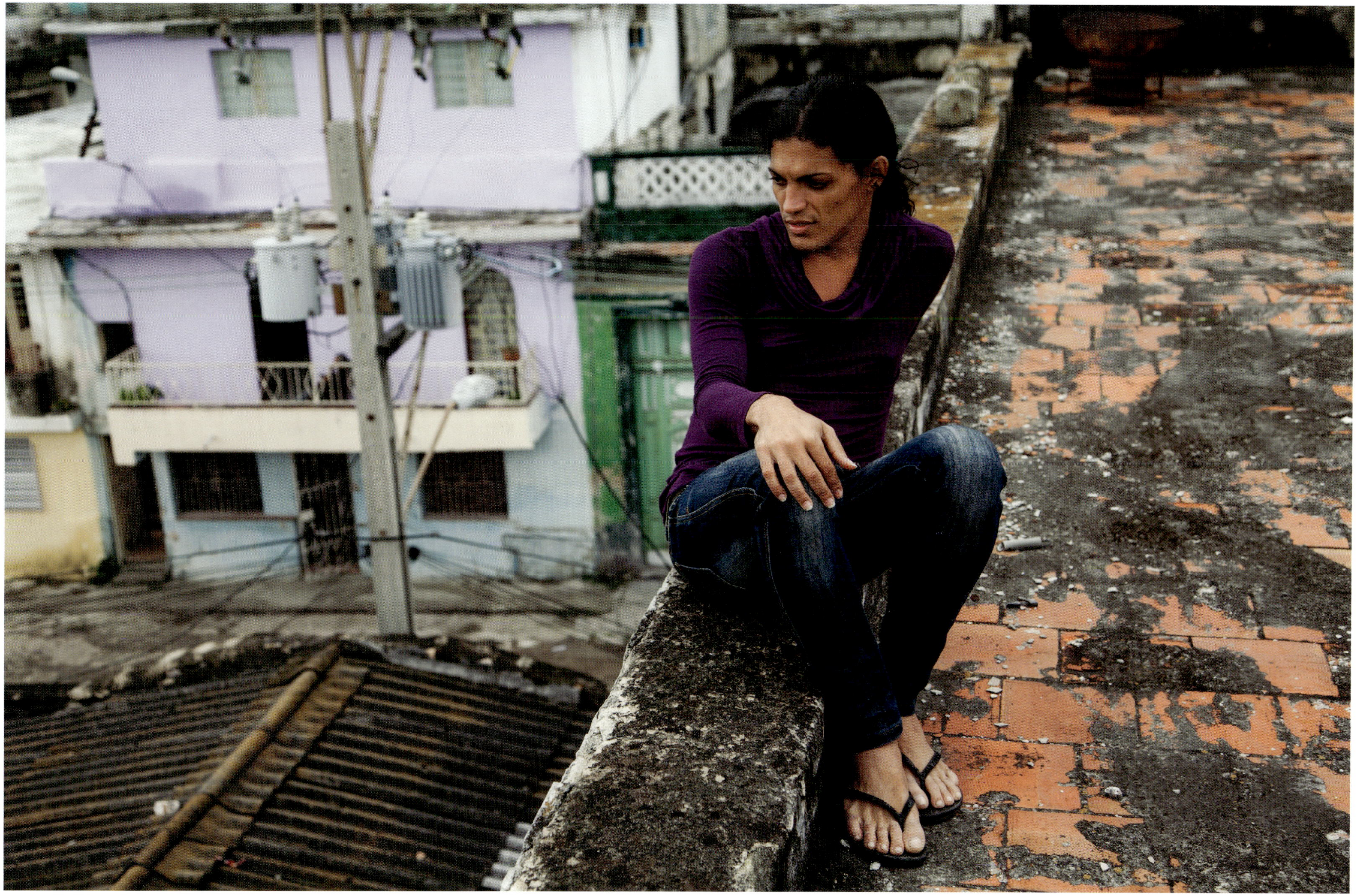

"Socialismo Siempre" sign
Cartel de "Socialismo Siempre"

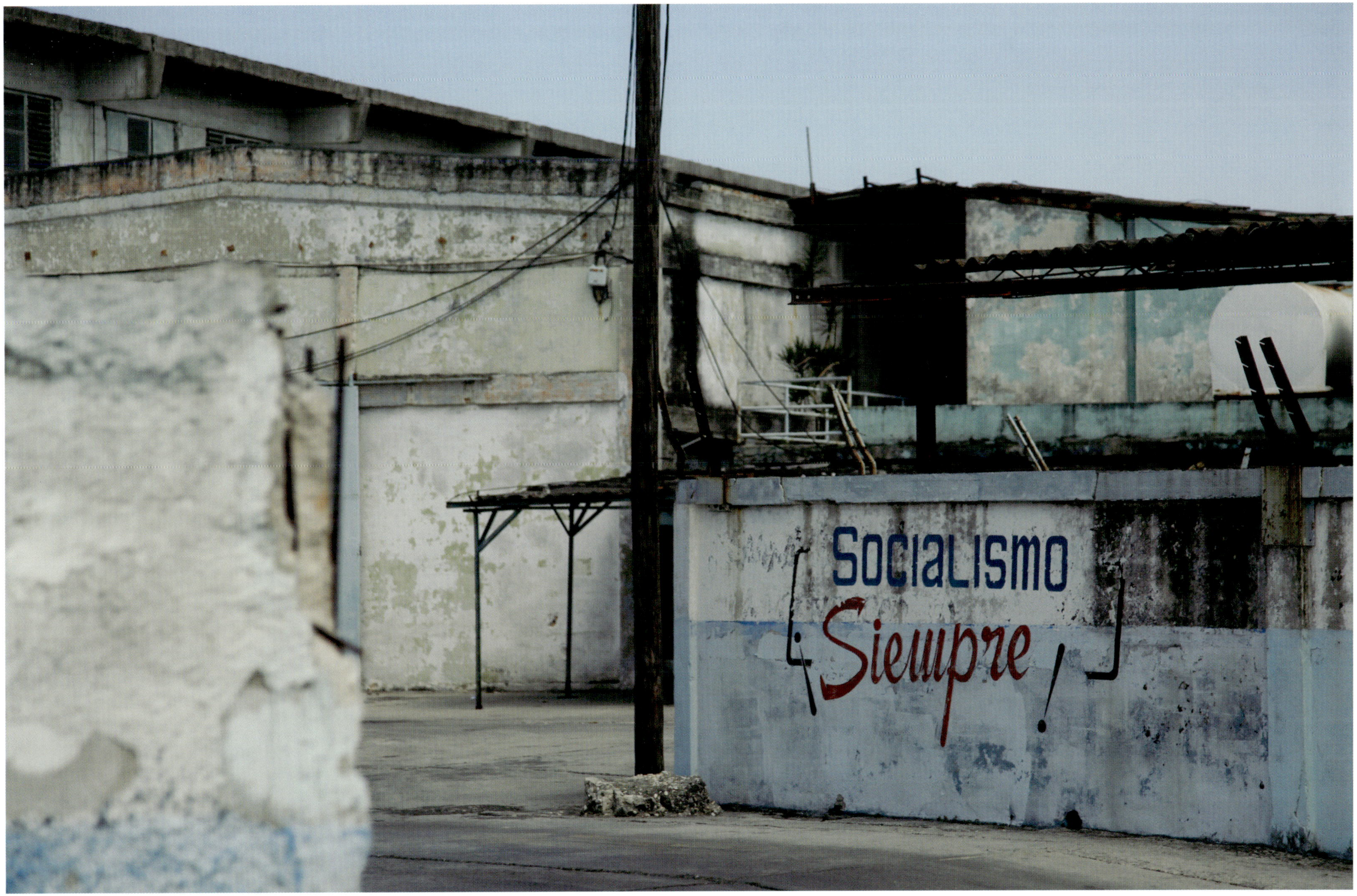
Socialismo
¡Siempre!

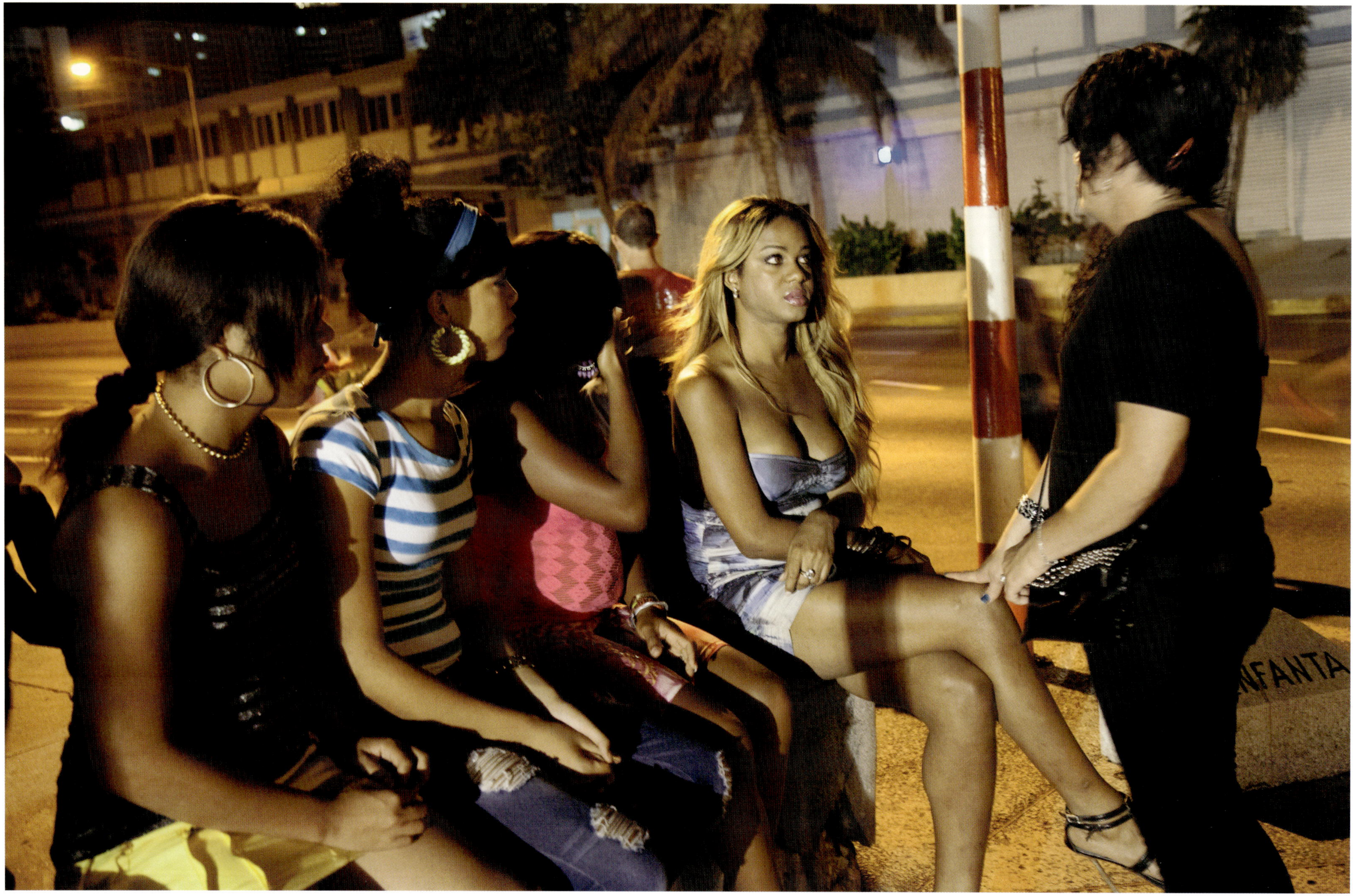

Waiting for customers, Havana | *Esperando a clientes, La Habana*

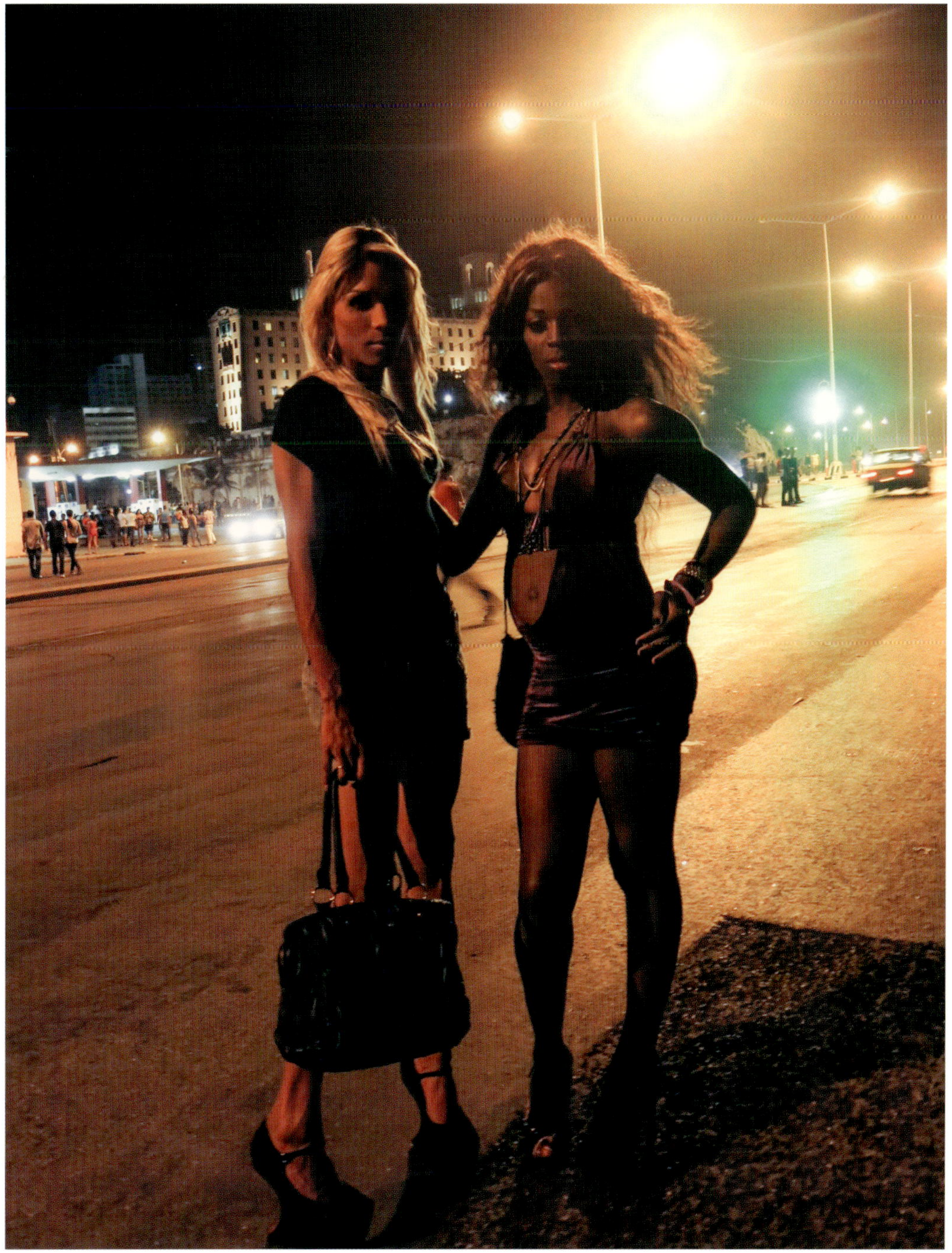

Waiting for customers, Havana | *Esperando a clientes, La Habana*

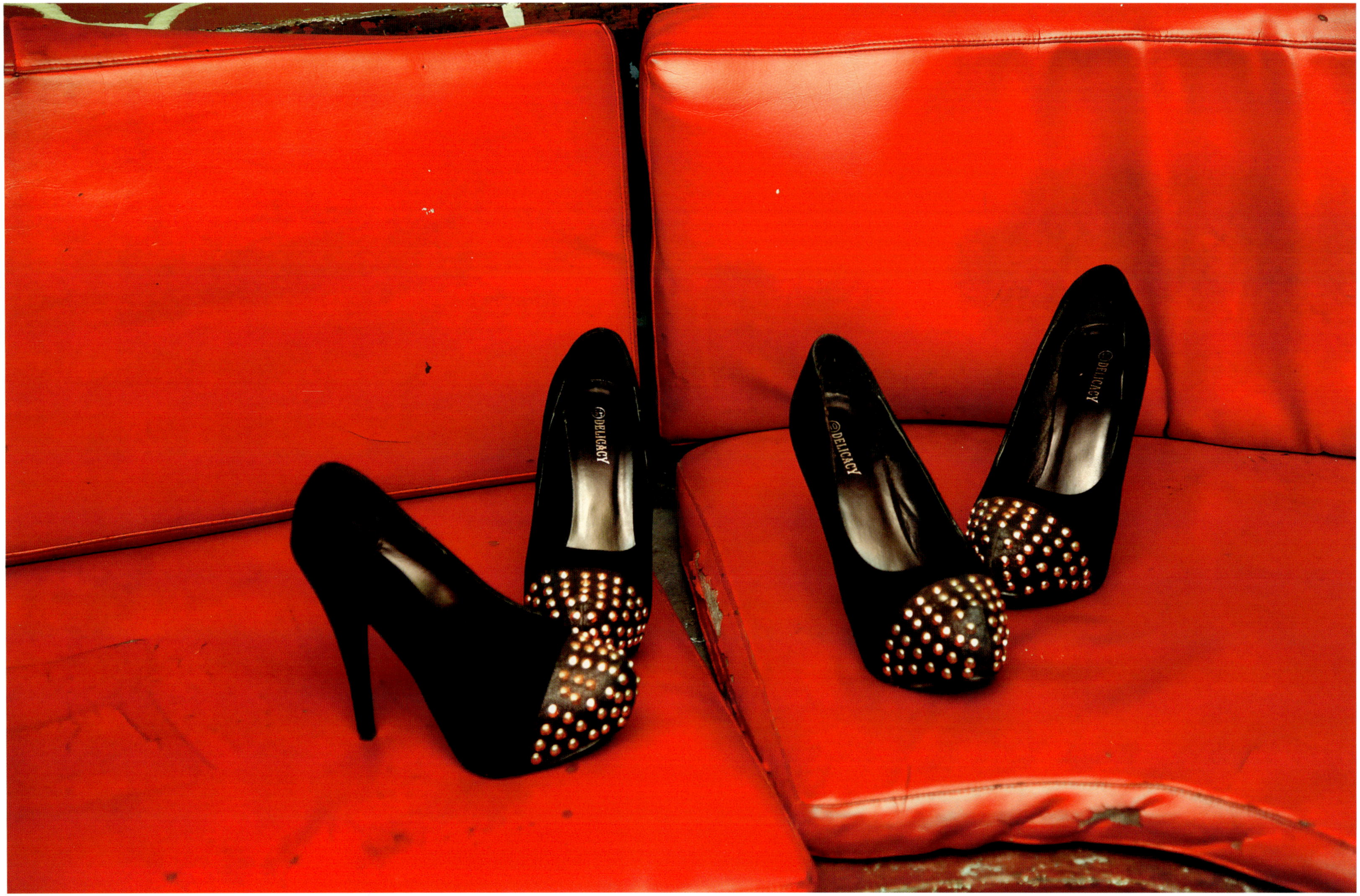

Shoes, at the Las Vegas Club, Havana | *Zapatos en el Club Las Vegas, La Habana*

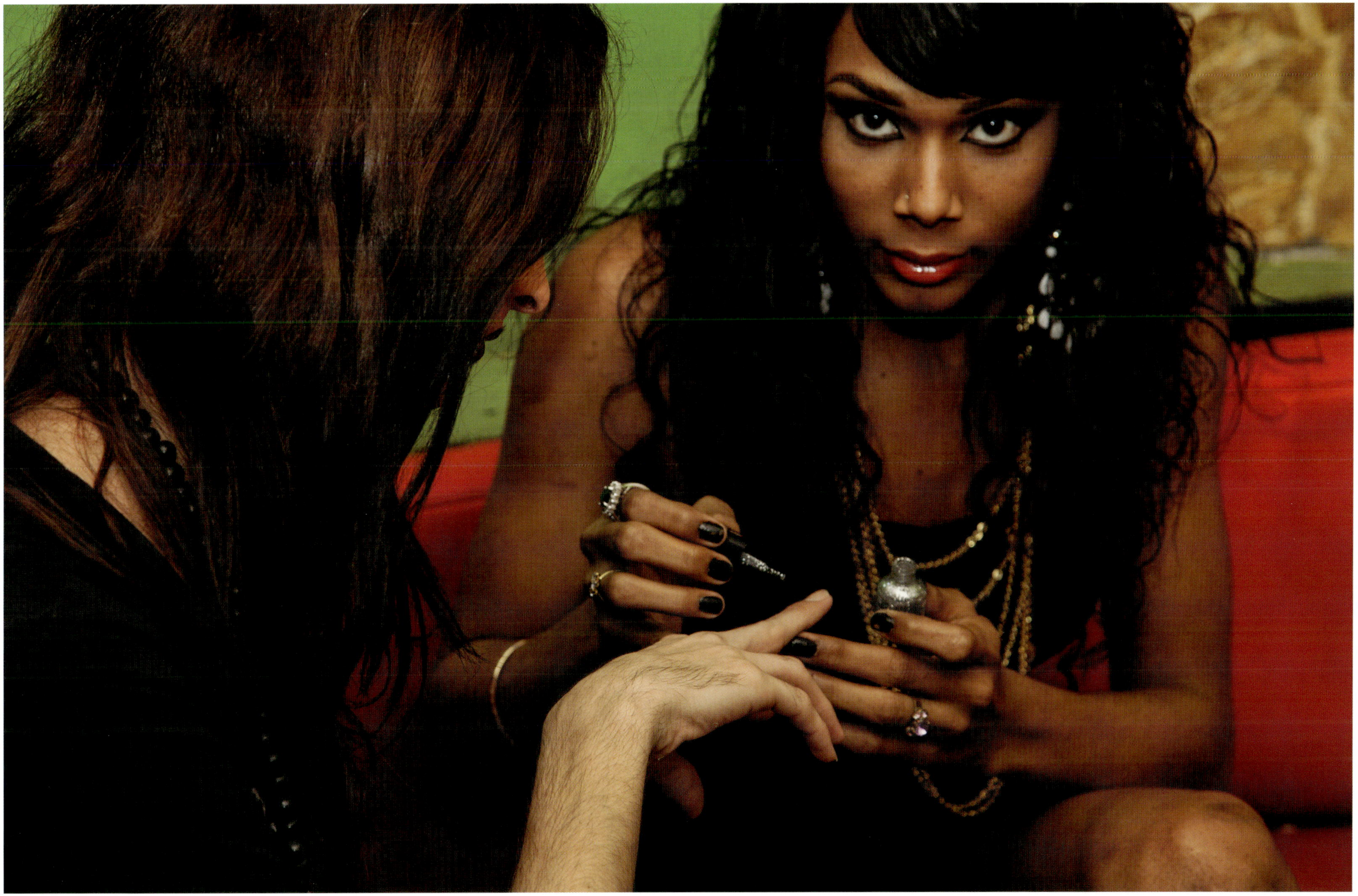

Lady polishing Laura's nails, Las Vegas Club, Havana | *Señora pintando las uñas de Laura, Club Las Vegas, La Habana*

Malu at the Las Vegas Club, Havana
Malu en el Club las Vegas, La Habana

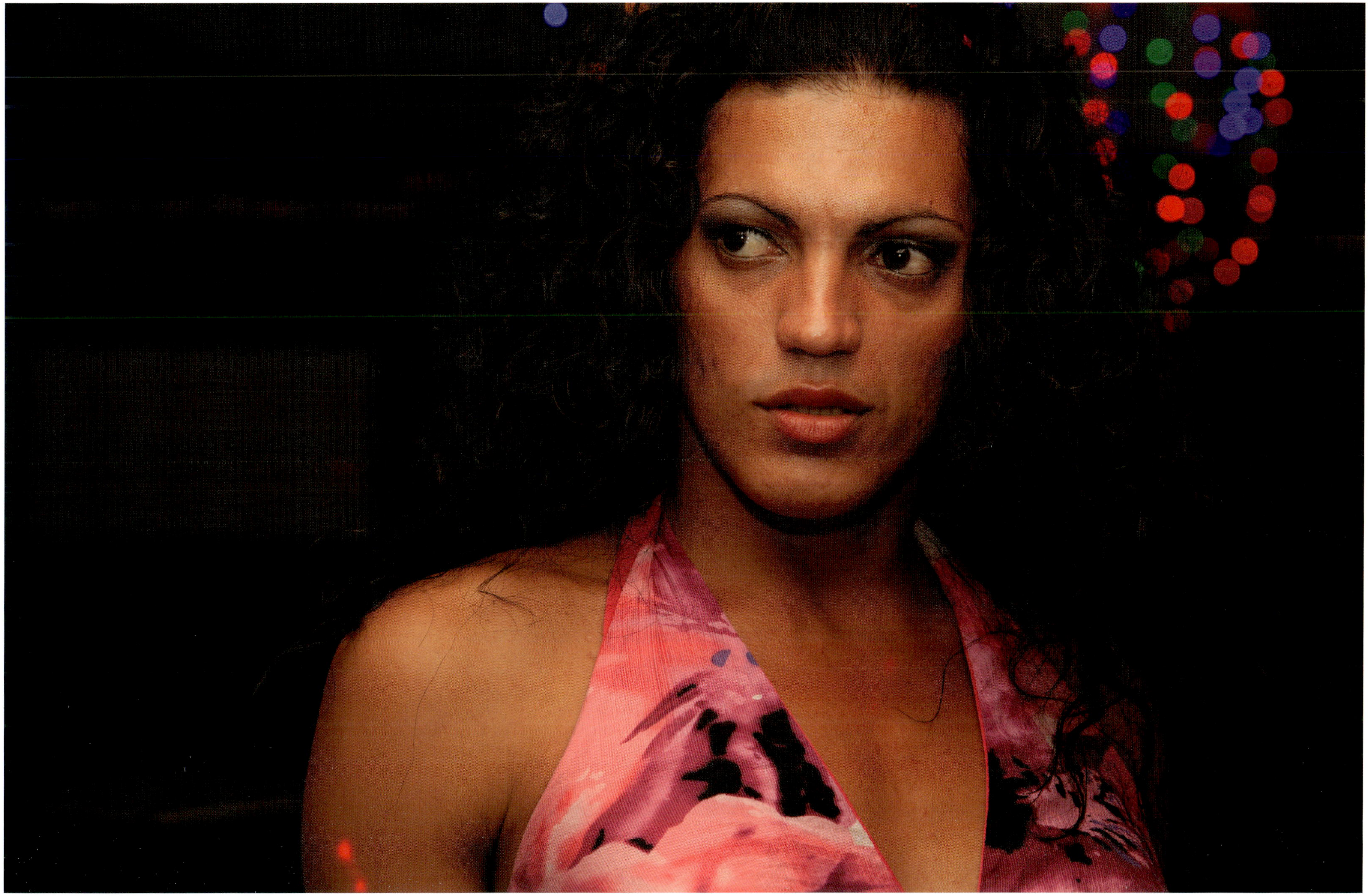

Amanda's sofa, Havana

El sofá de Amanda, La Habana

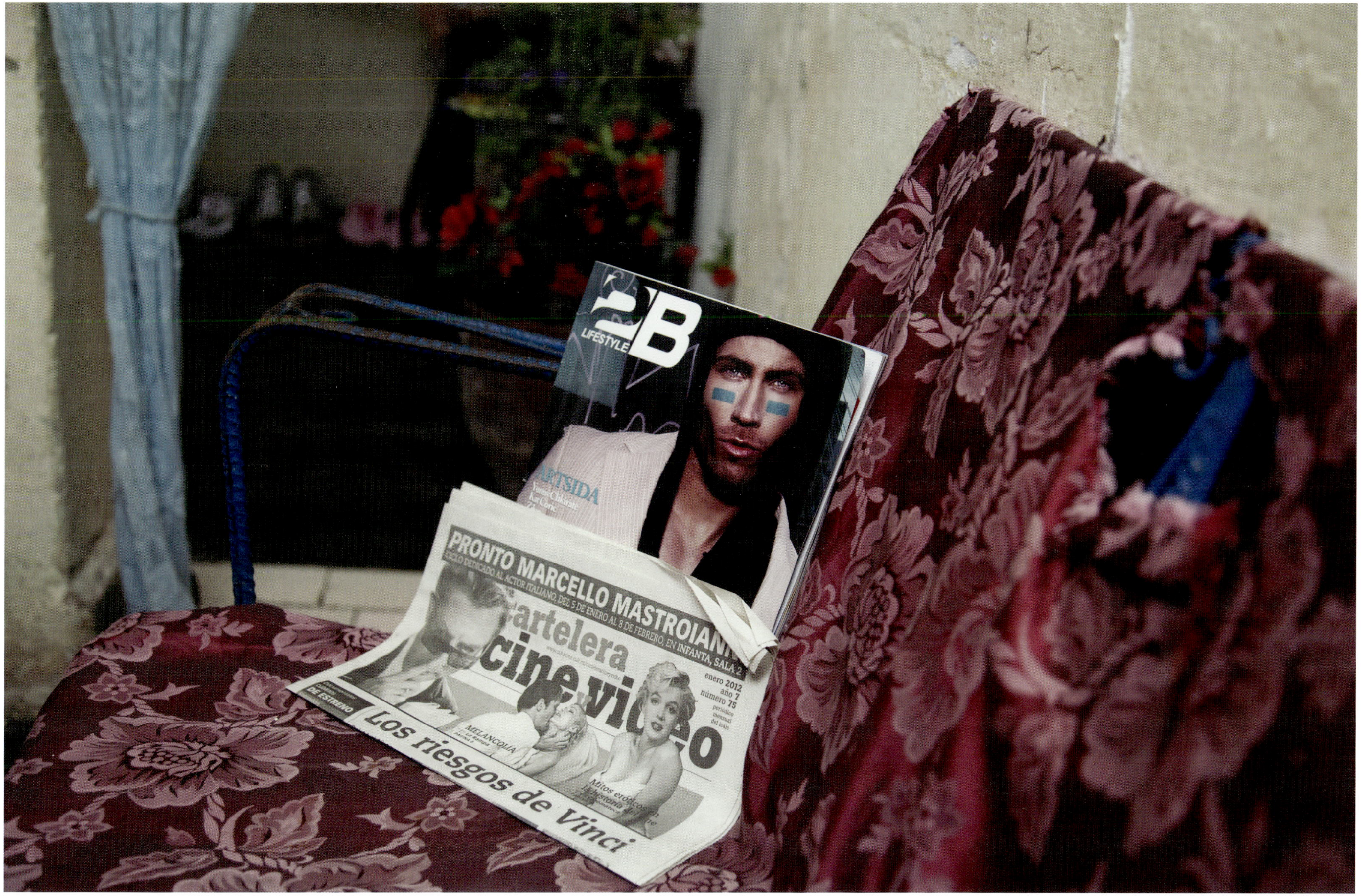
2B
LIFESTYLE
ARTSIDA
CICLO DEDICADO AL ACTOR ITALIANO, DEL 5 DE ENERO AL 8 DE FEBRERO, EN INFANTA, SALA 2
enero 2012
año 7
número 75
DE ESTRENO
MELANCOLIA
Los riesgos de Vinci

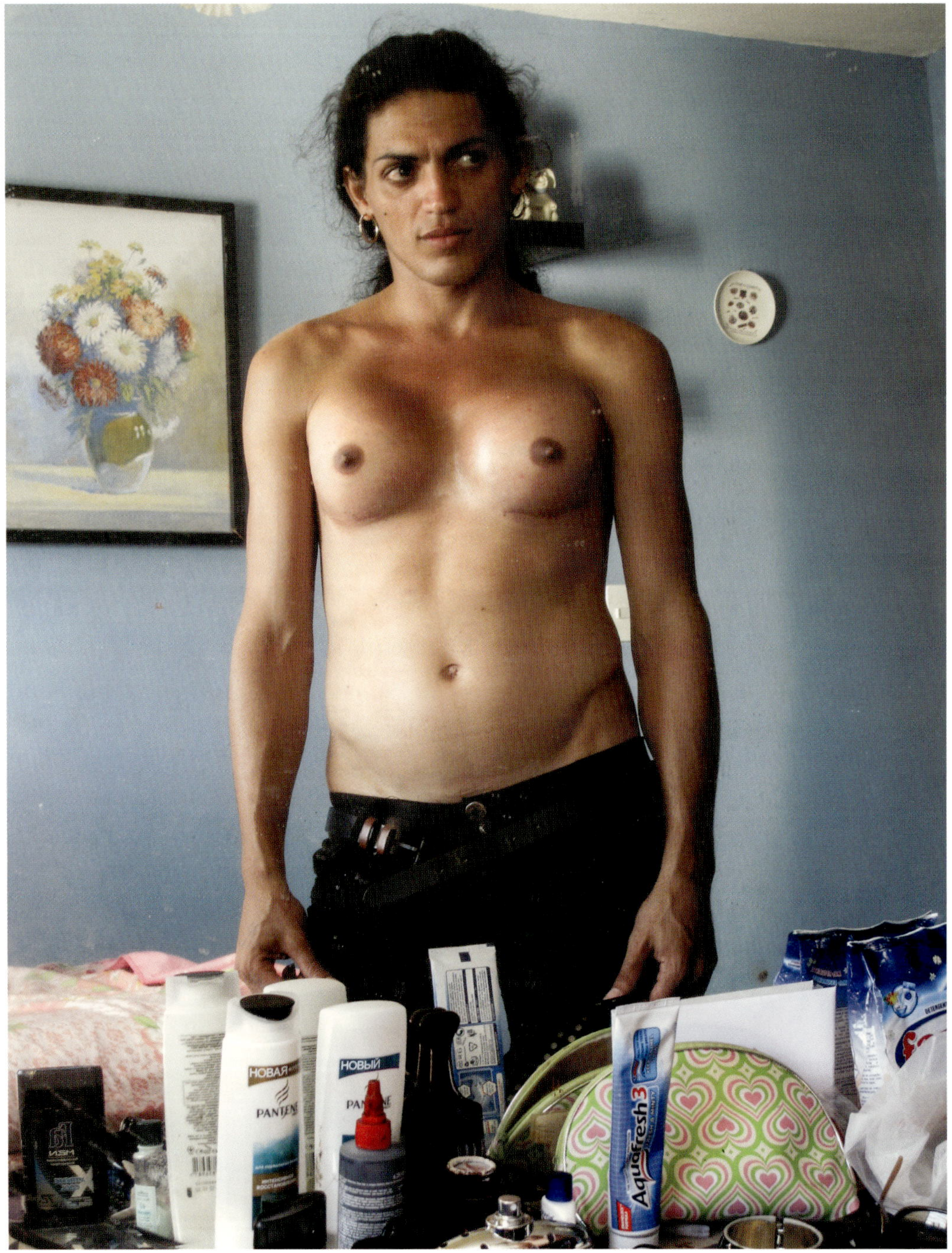

Malu's new breasts, Havana | *Los nuevos senos de Malu, La Habana*

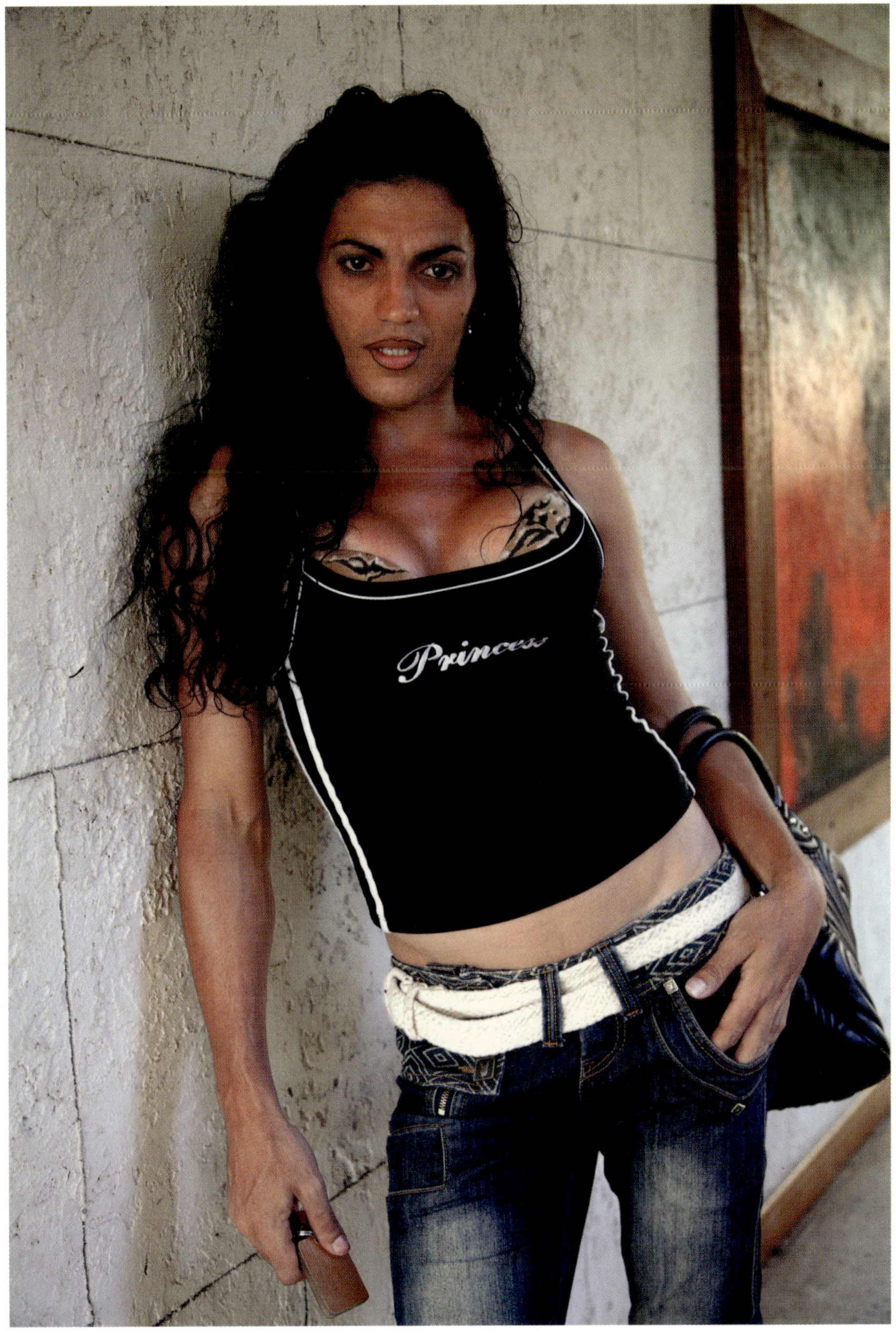

Los nuevos senos de Malu, La Habana

Paloma with her boyfriend at Mi Cayito beach, near Havana
Paloma y so novio en la playa Mi Cayito, cerca de La Habana

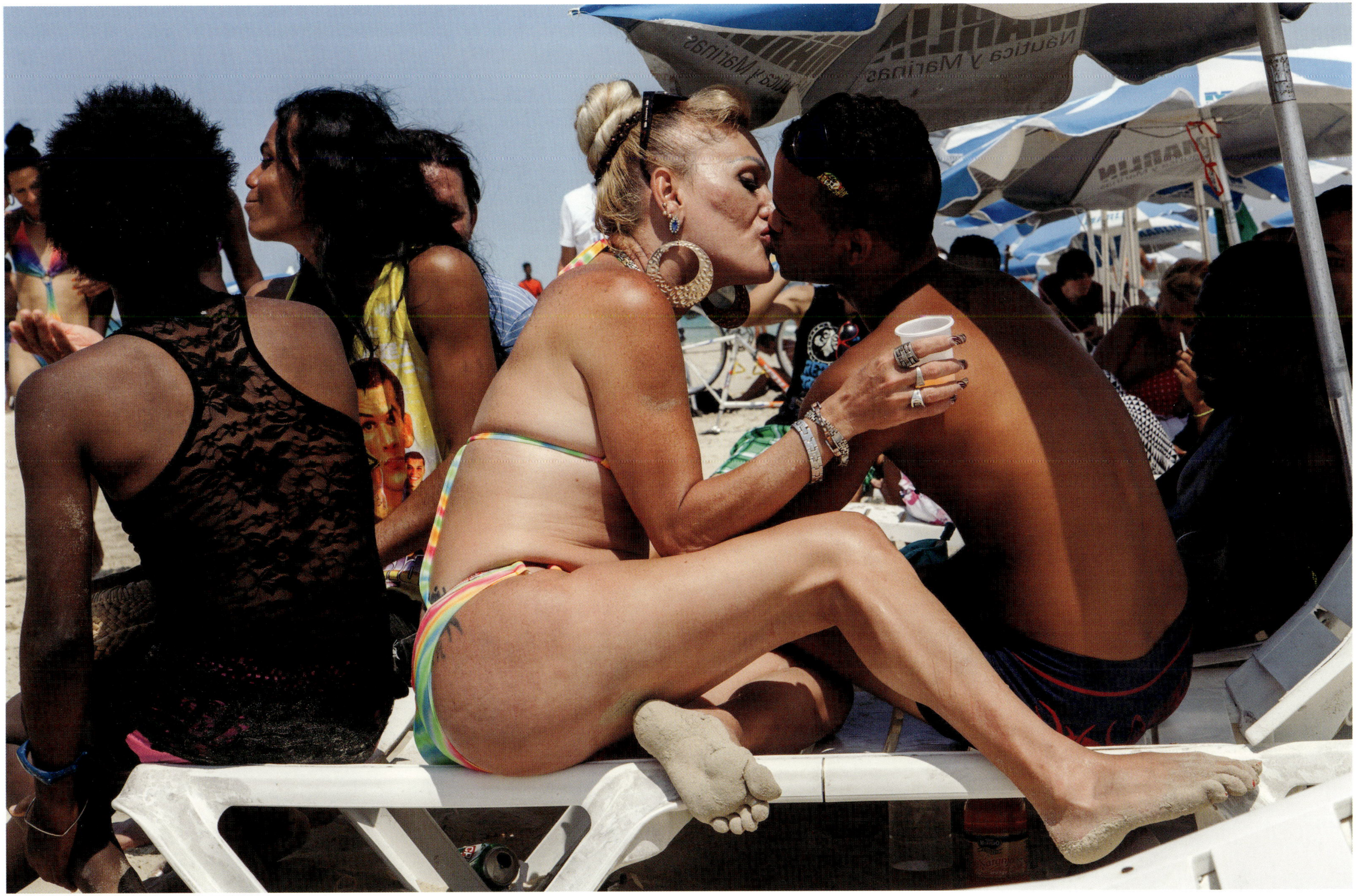

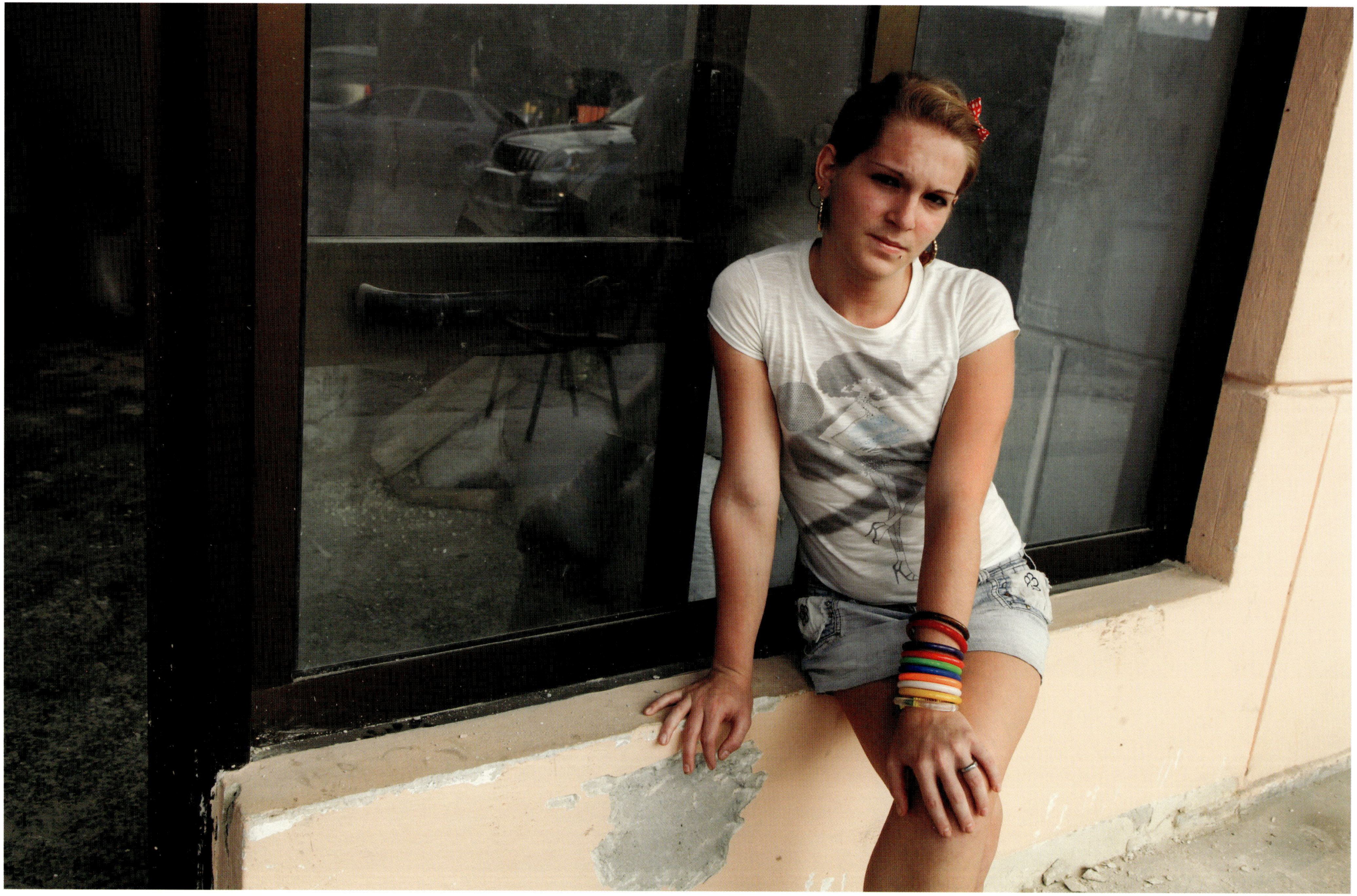

Richard, eighteen years old, Havana | *Richard, dieciocho años, La Habana*

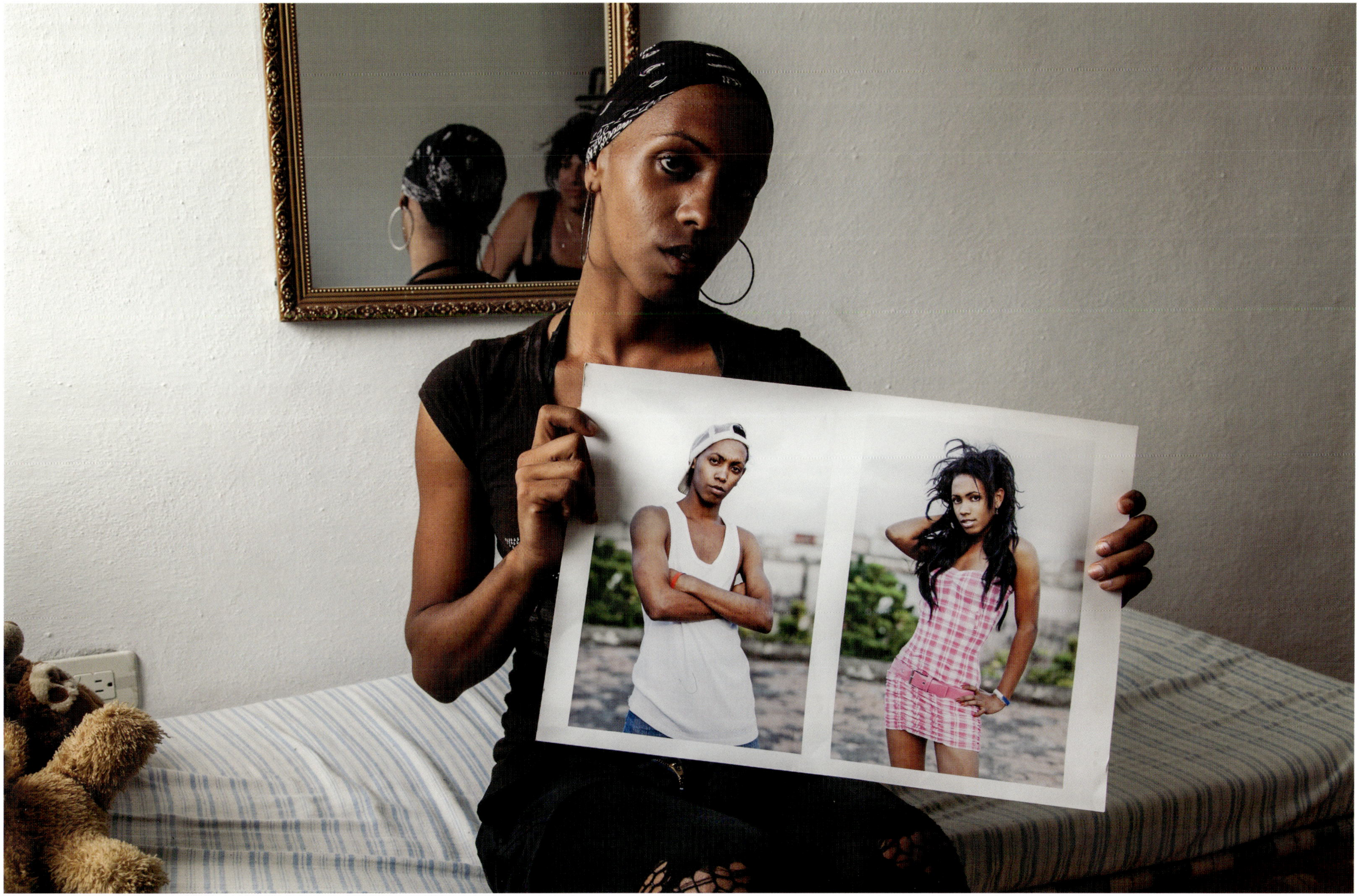

Natalie, with two self-portraits, Havana | *Natalie con dos autoretratos, La Habana*

Heroes of the revolution
Héroes de la revolución

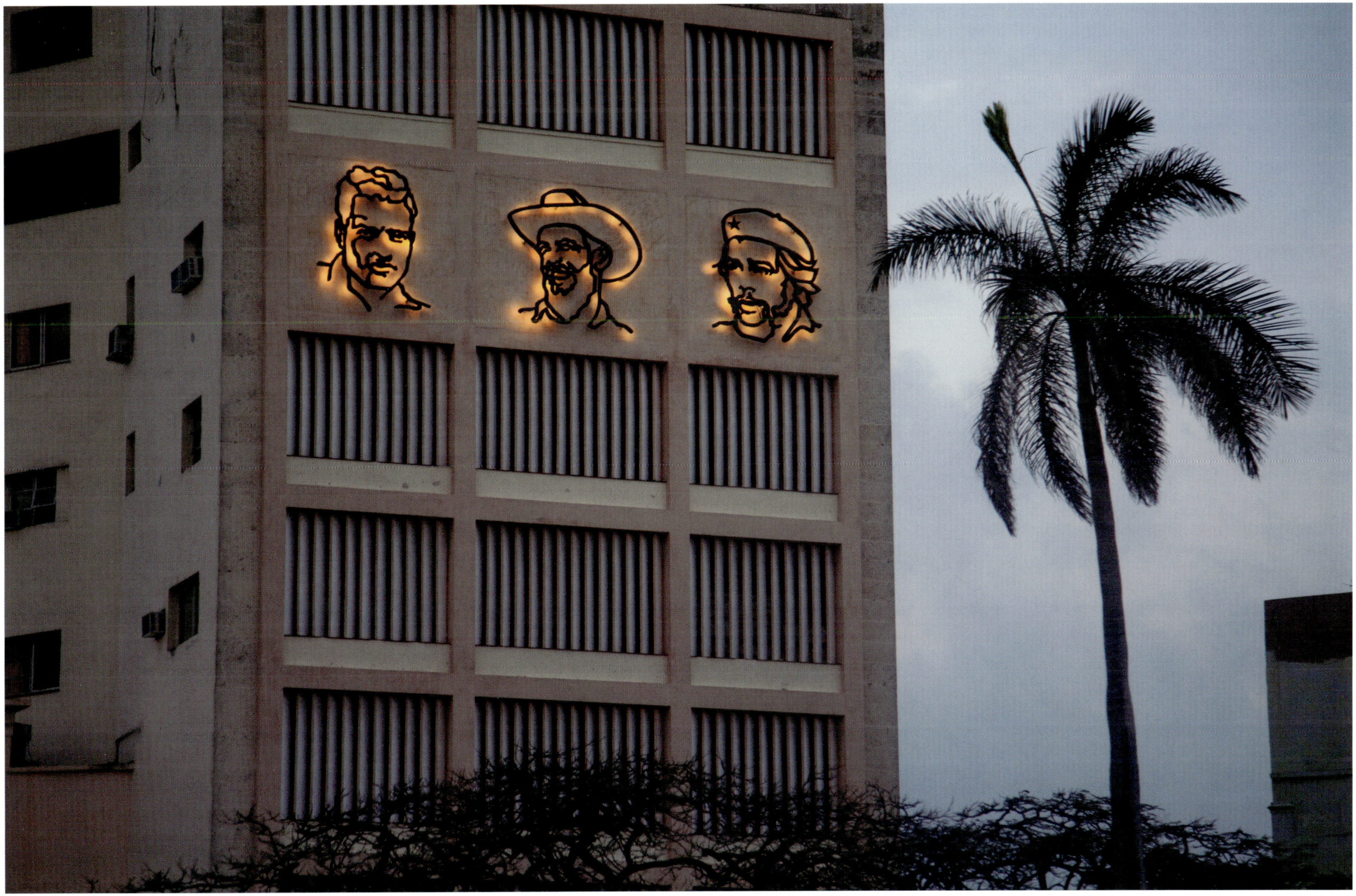

Erika at home, Cienfuegos
Erika en su casa, Cienfuegos

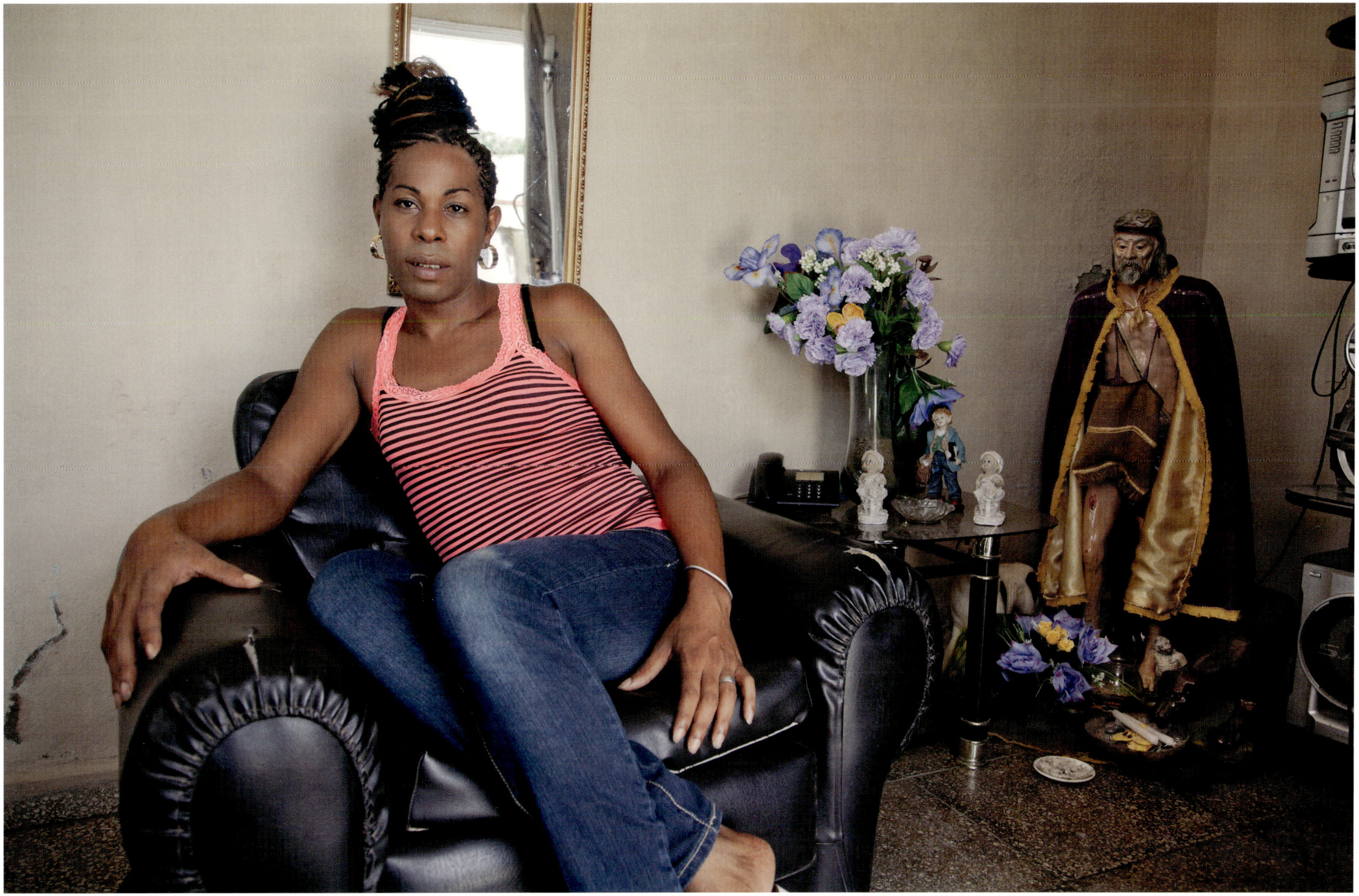

Miguel observing Amanda and Henry, at Malu's apartment, Havana
Miguel observando a Amanda y a Henry, en el apartamento de Malu, La Habana

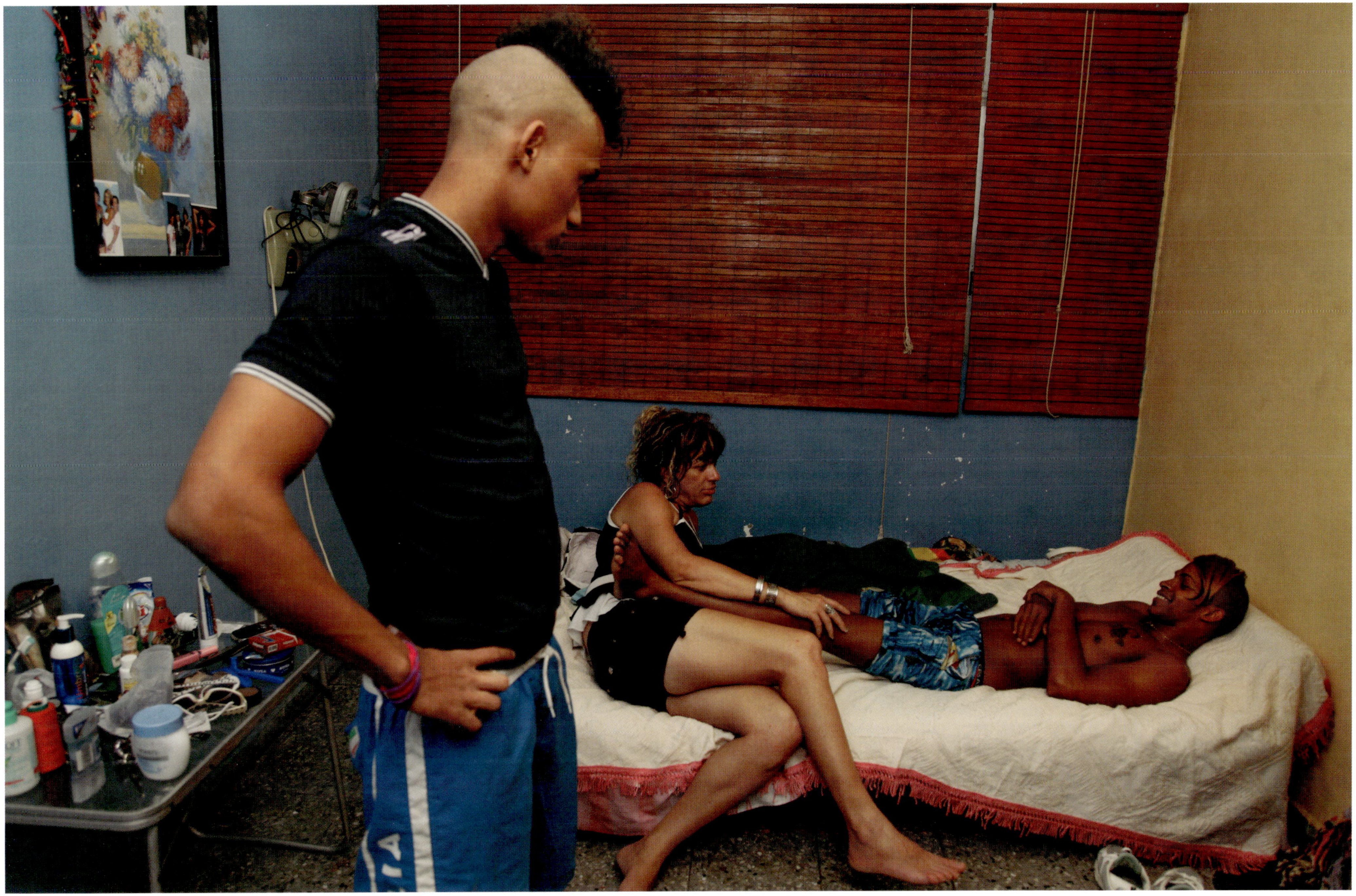

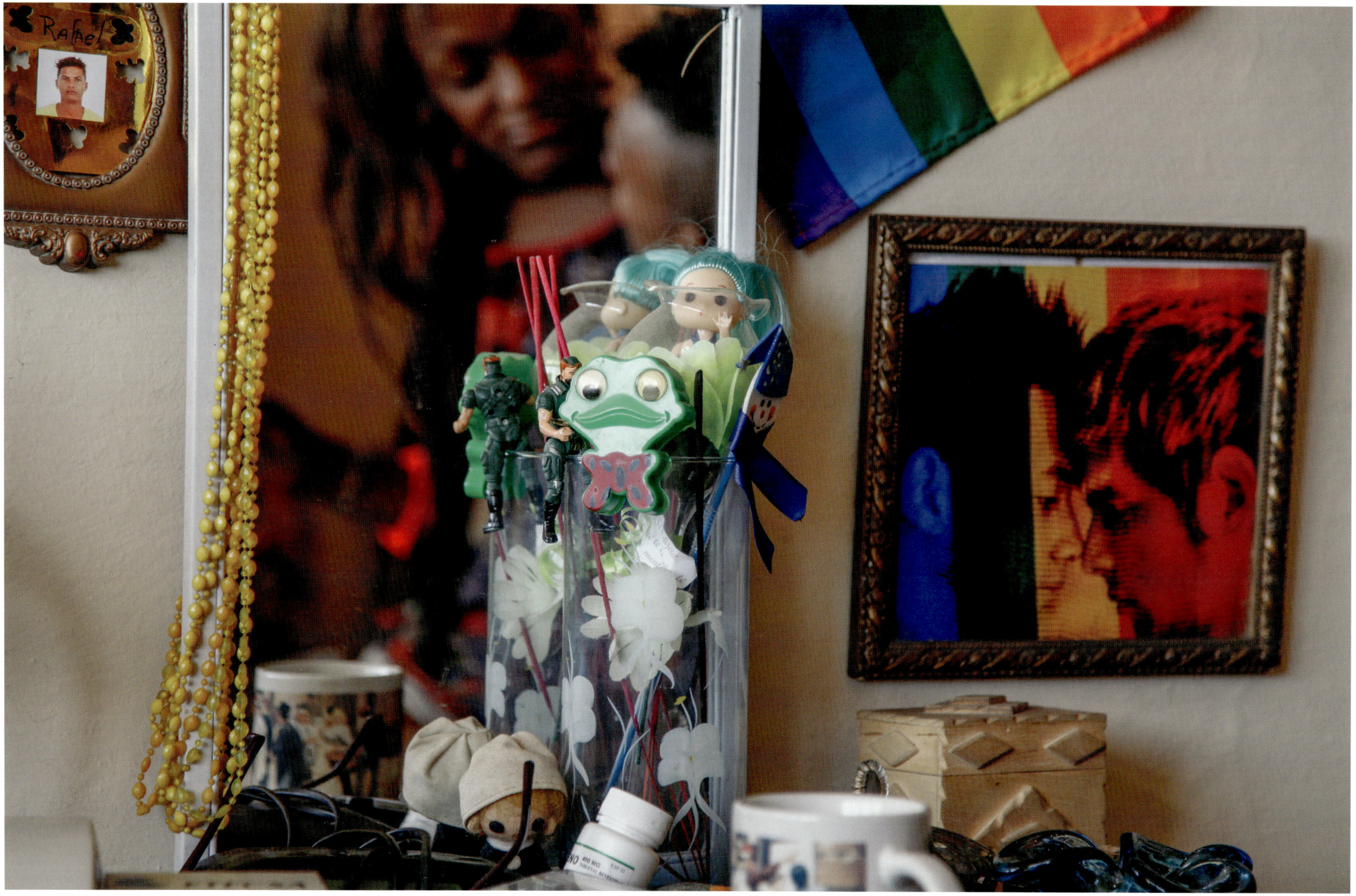

Nomi in the mirror, at Malu's apartment, Havana | *Nomi en el espejo, en el apartamento de Malu, La Habana*

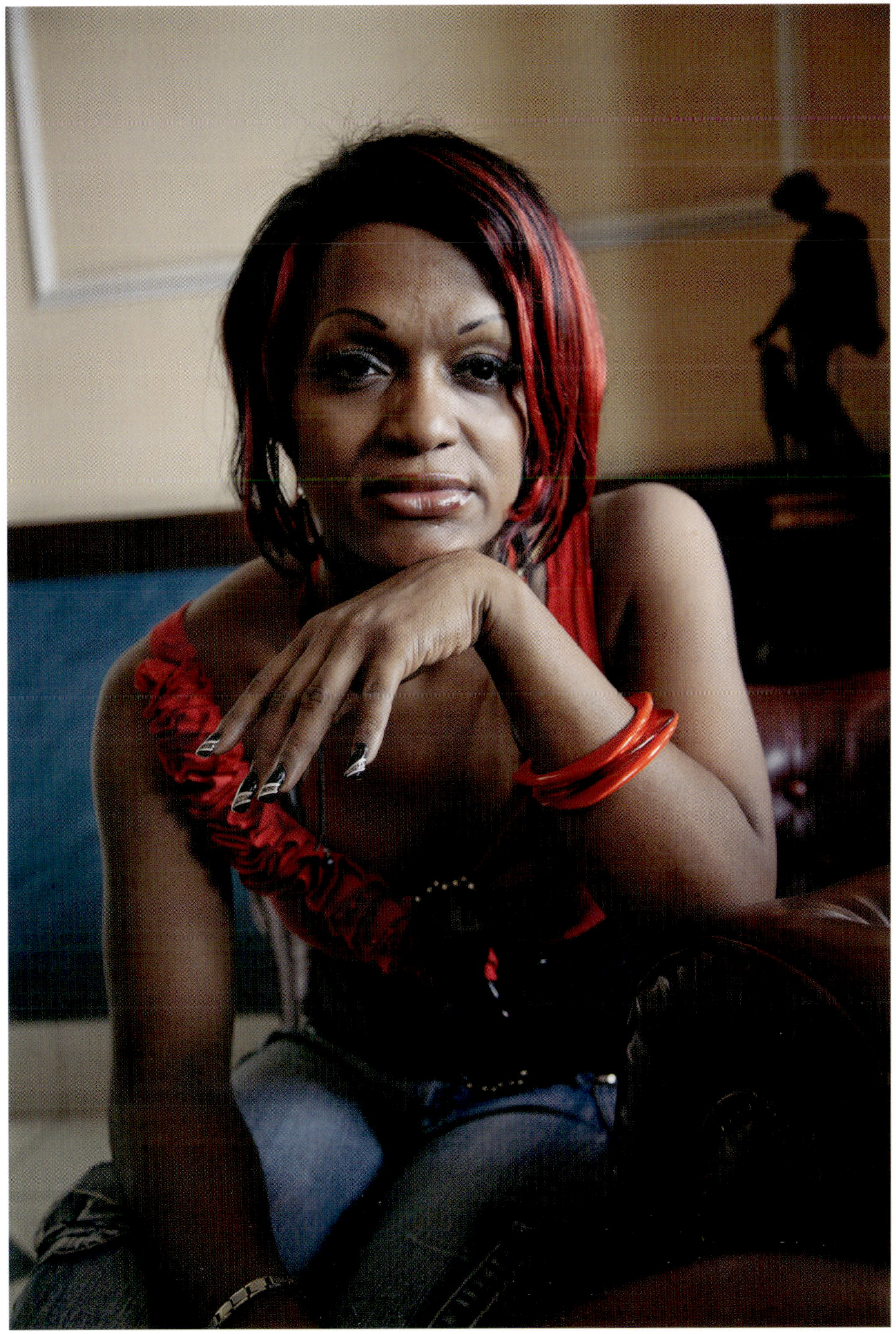

Nomi in a hotel lobby, Havana | *Nomi en el lobby de un hotel, La Habana*

Miguel at a barber shop, Havana
Miguel en la barbería, La Habana

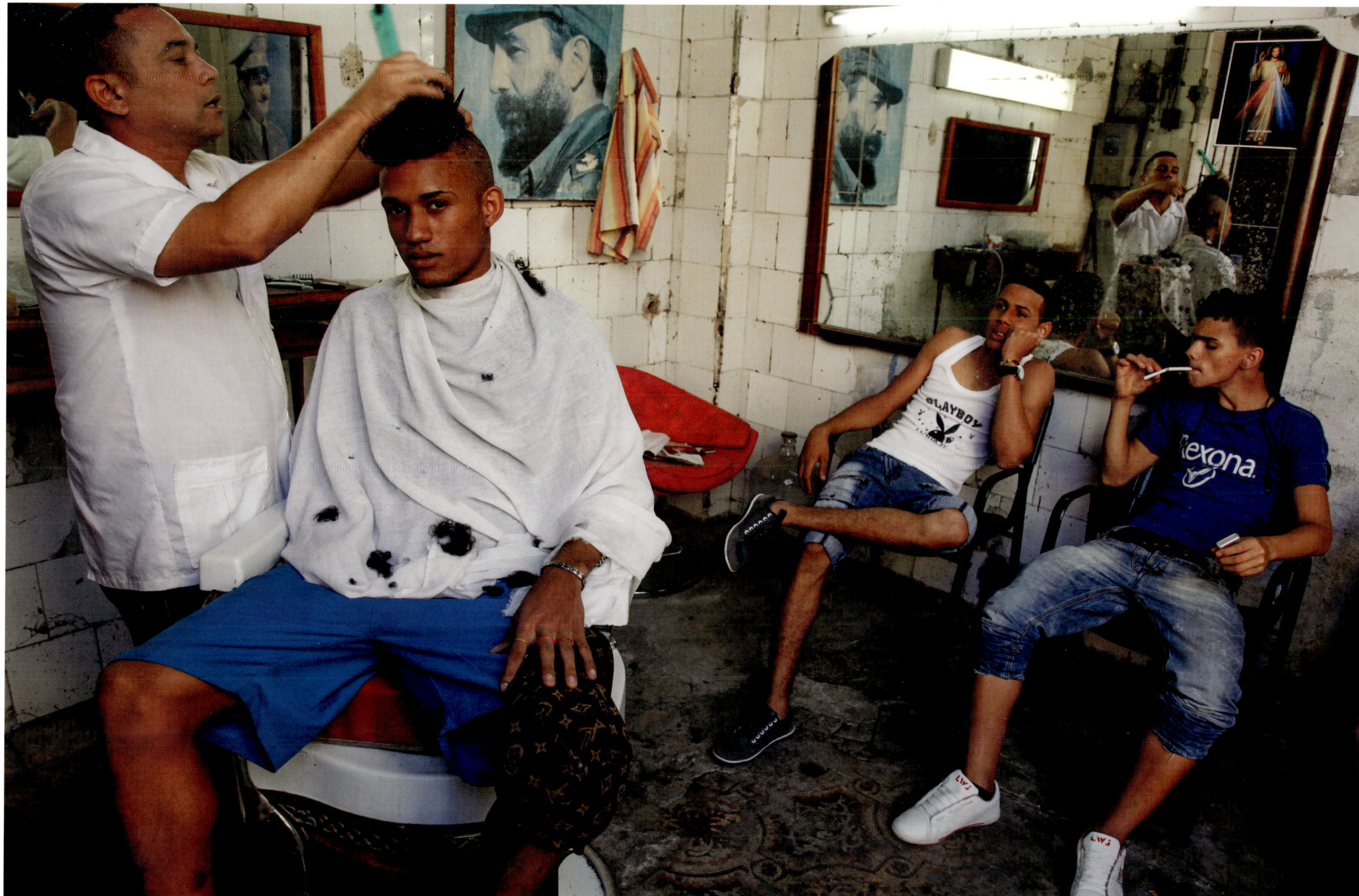
PLAYBOY
Rexona

Erika at her boyfriend's house, Cienfuegos
Erika en la casa de su novio, Cienfuegos

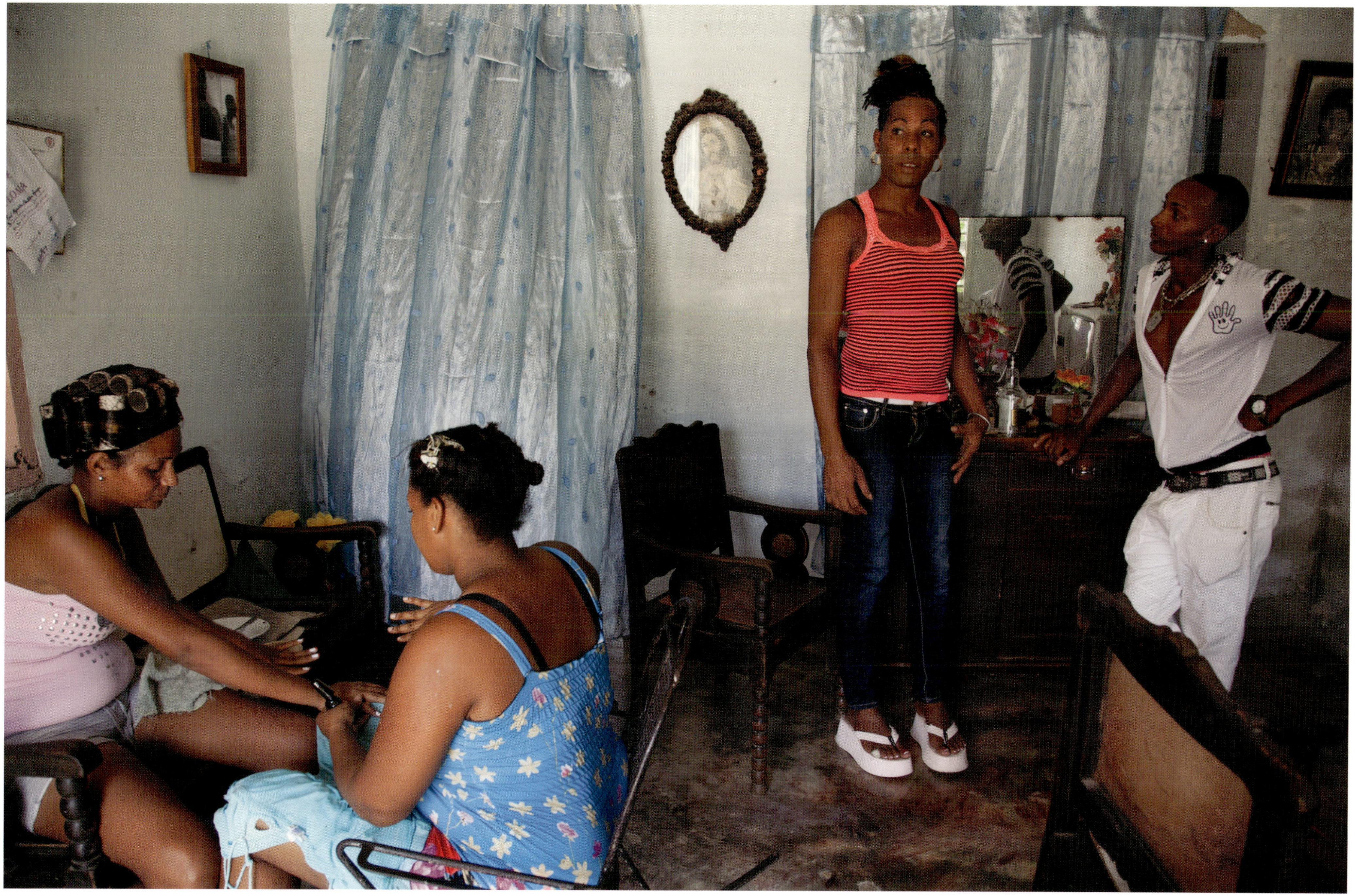

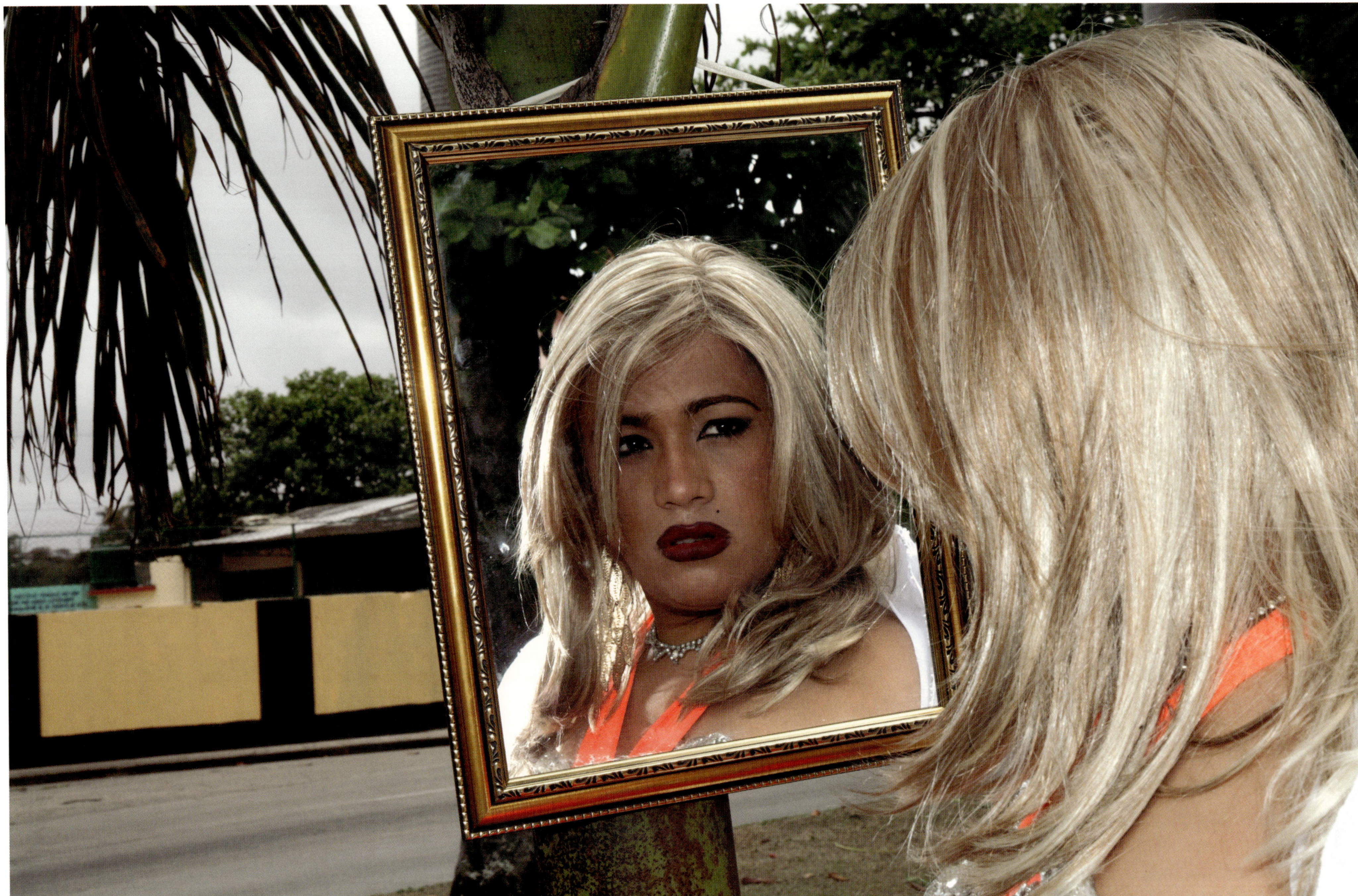

Anais De Trevis/Arnoldo, performer, outside the apartment he shares with his partner, Enrique, Havana | *Anais De Trevis/Arnoldo, intérprete, fuero de su apartamento, el cual comparte con su novio, Enrique, La Habana*

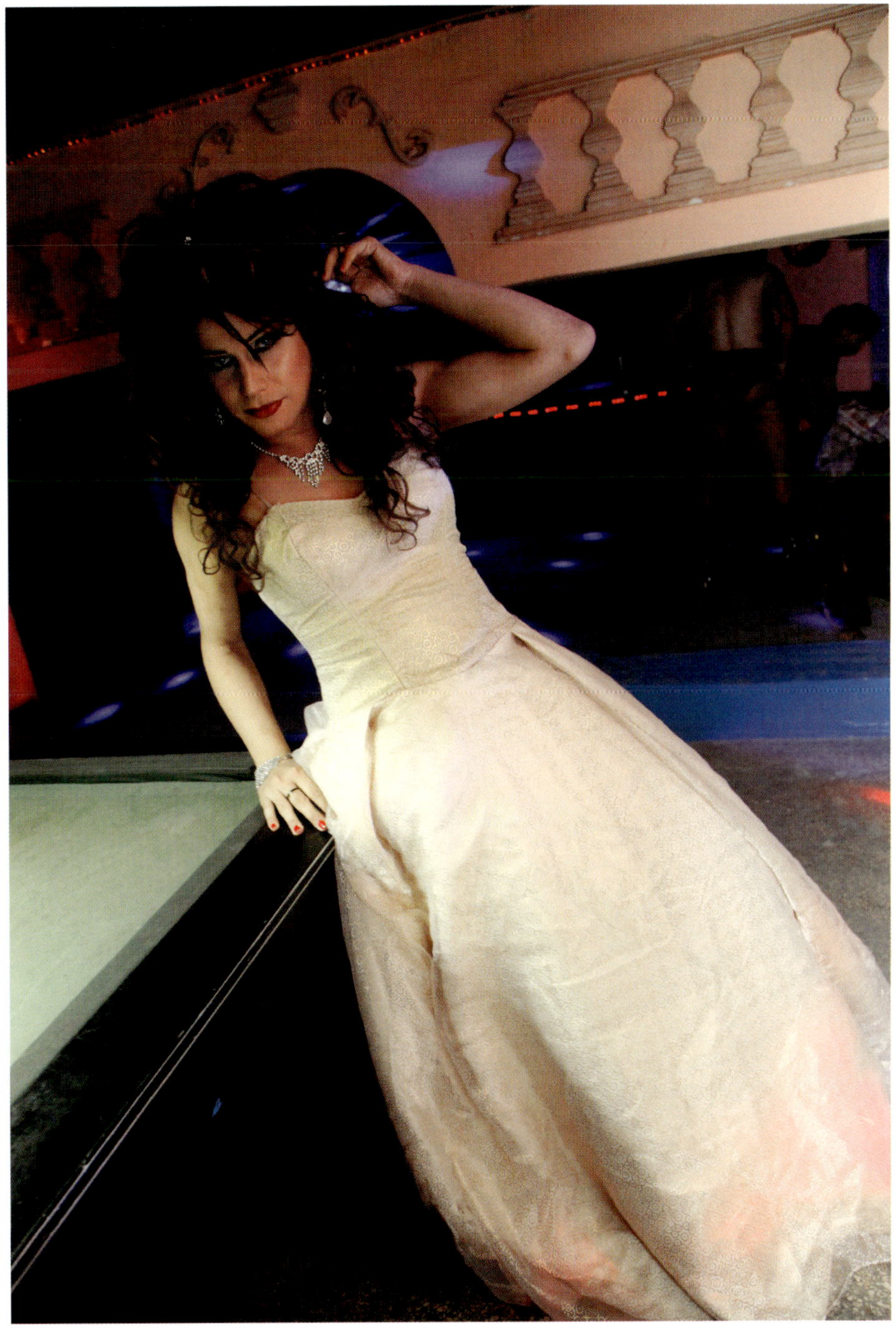

Performer, backstage at the National Theater | *Intérprete, entre bastidores en el Teatro Nacional*

Alay, Reusi, and a neighbor, Camagüey
Alay, Reusi y un vecino, Camagüey

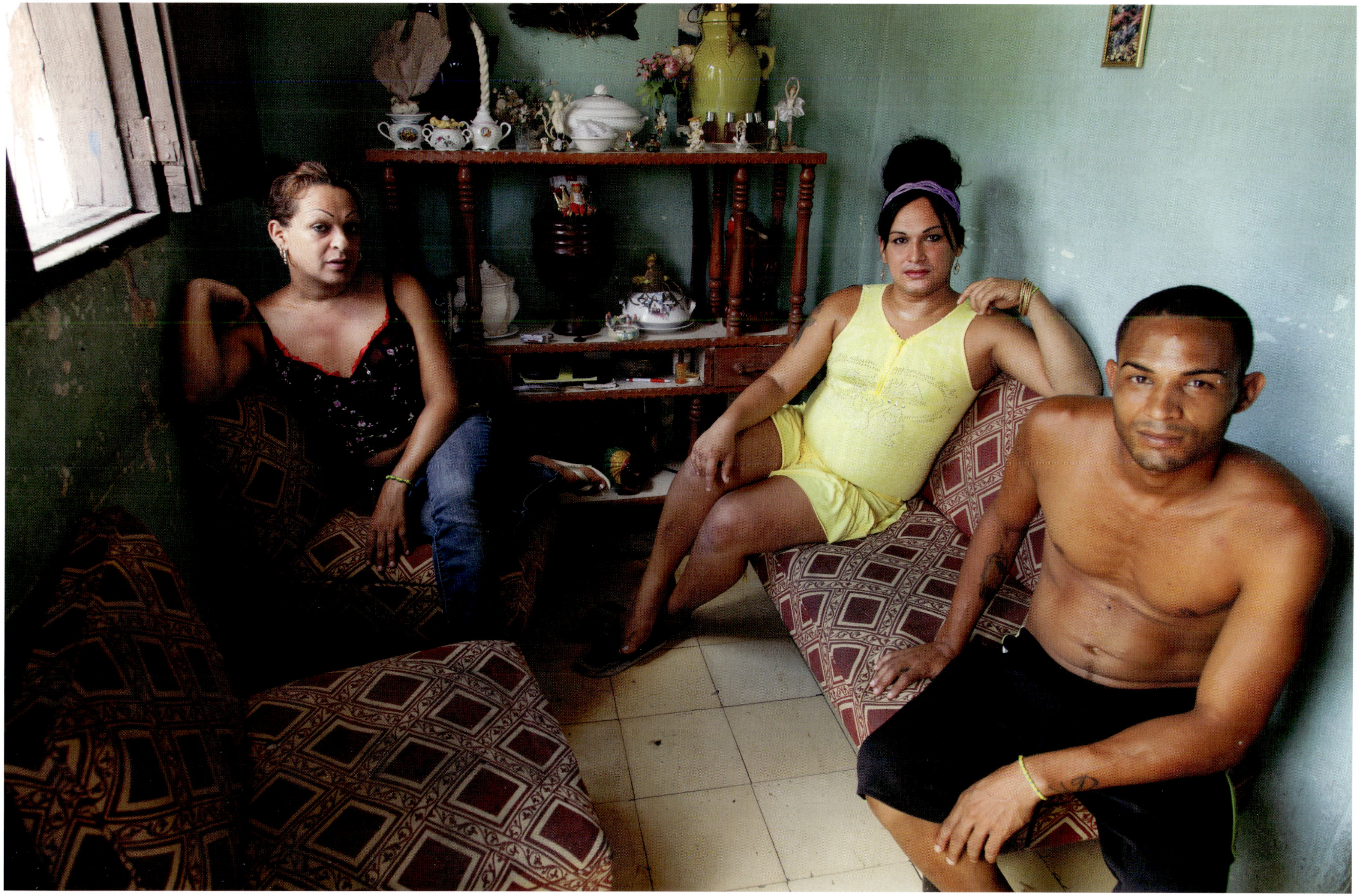

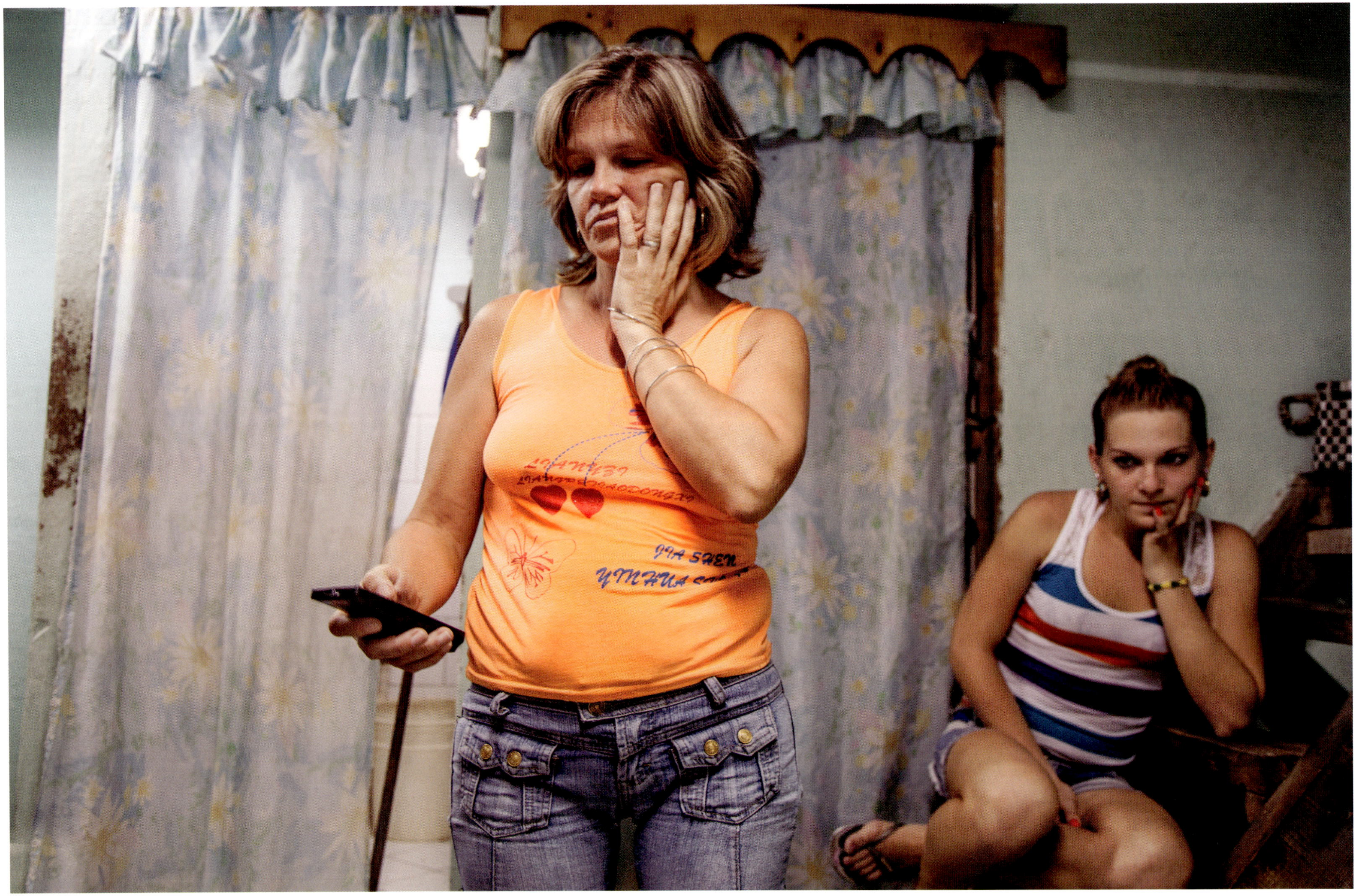

Richard and her mother, Tamara, Havana | *Richard y su madre, Tamara, La Habana*

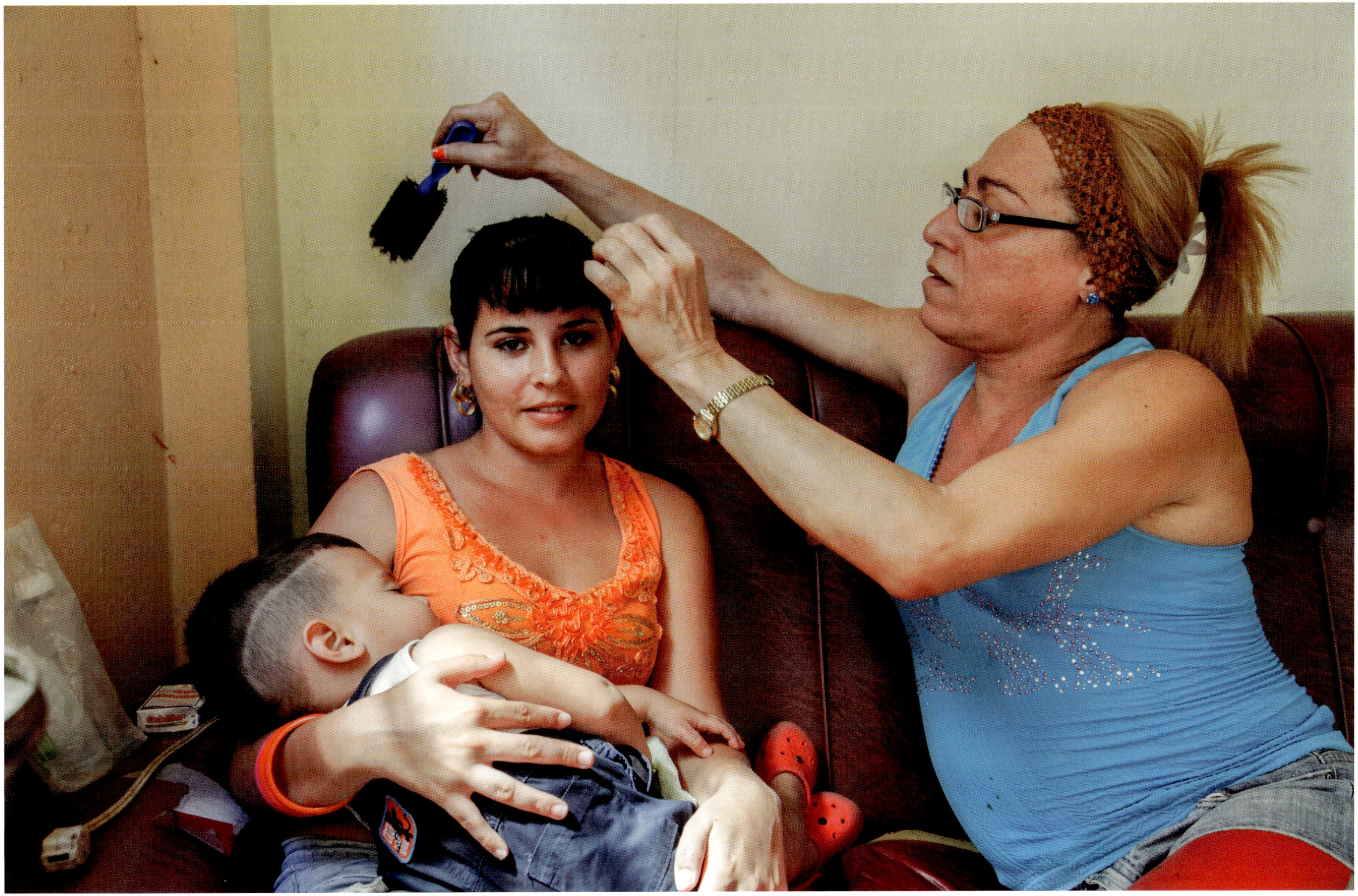

Sissi, hairdresser, with her niece, Cienfuegos | *Sissi, peluquera, con su sobrina, Cienfuegos*

Amanda, Havana
Amanda, La Habana

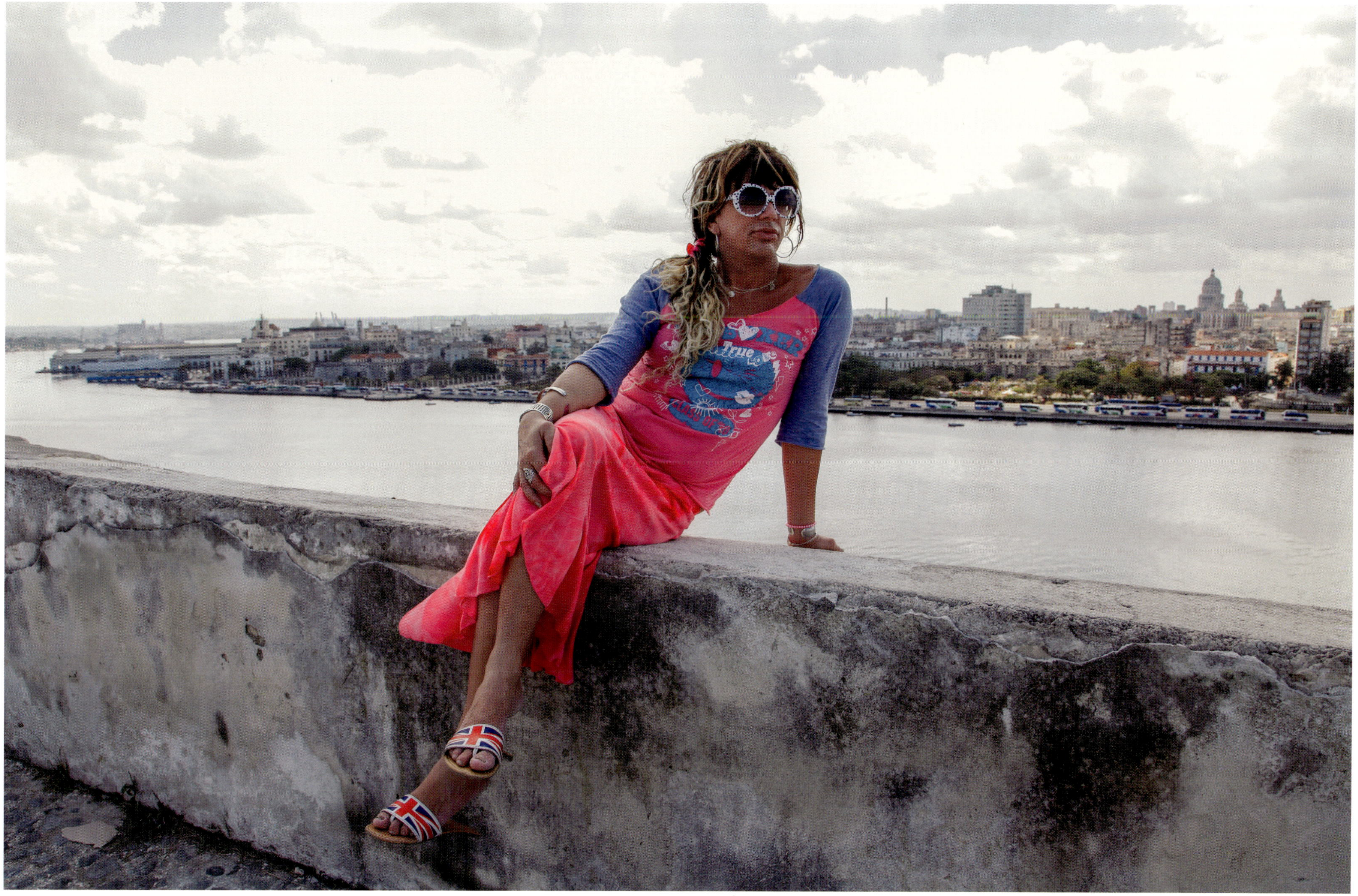
True

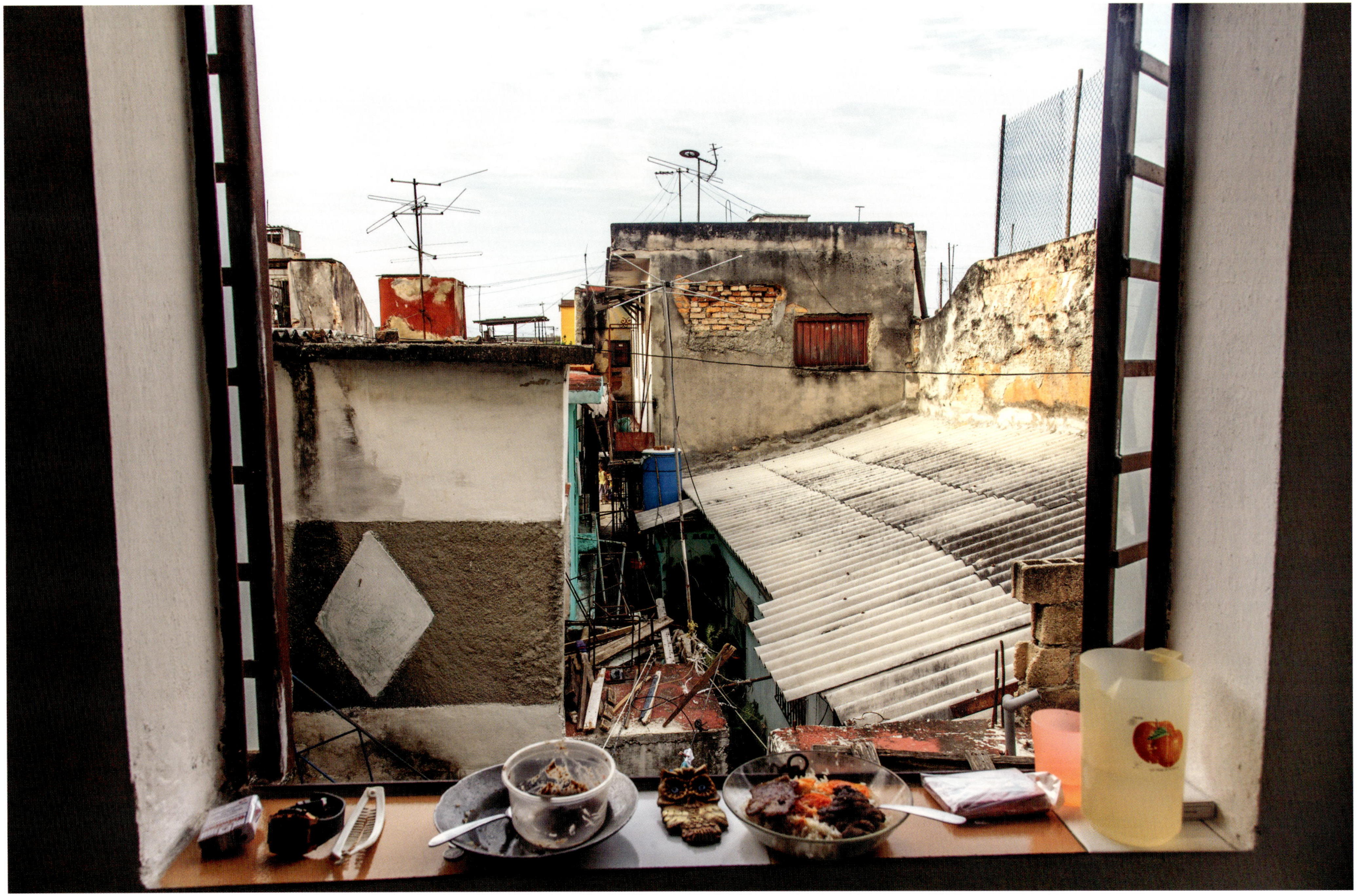

The view from Natalie's window, Havana | *La vista desde la ventana de Natalie, La Habana*

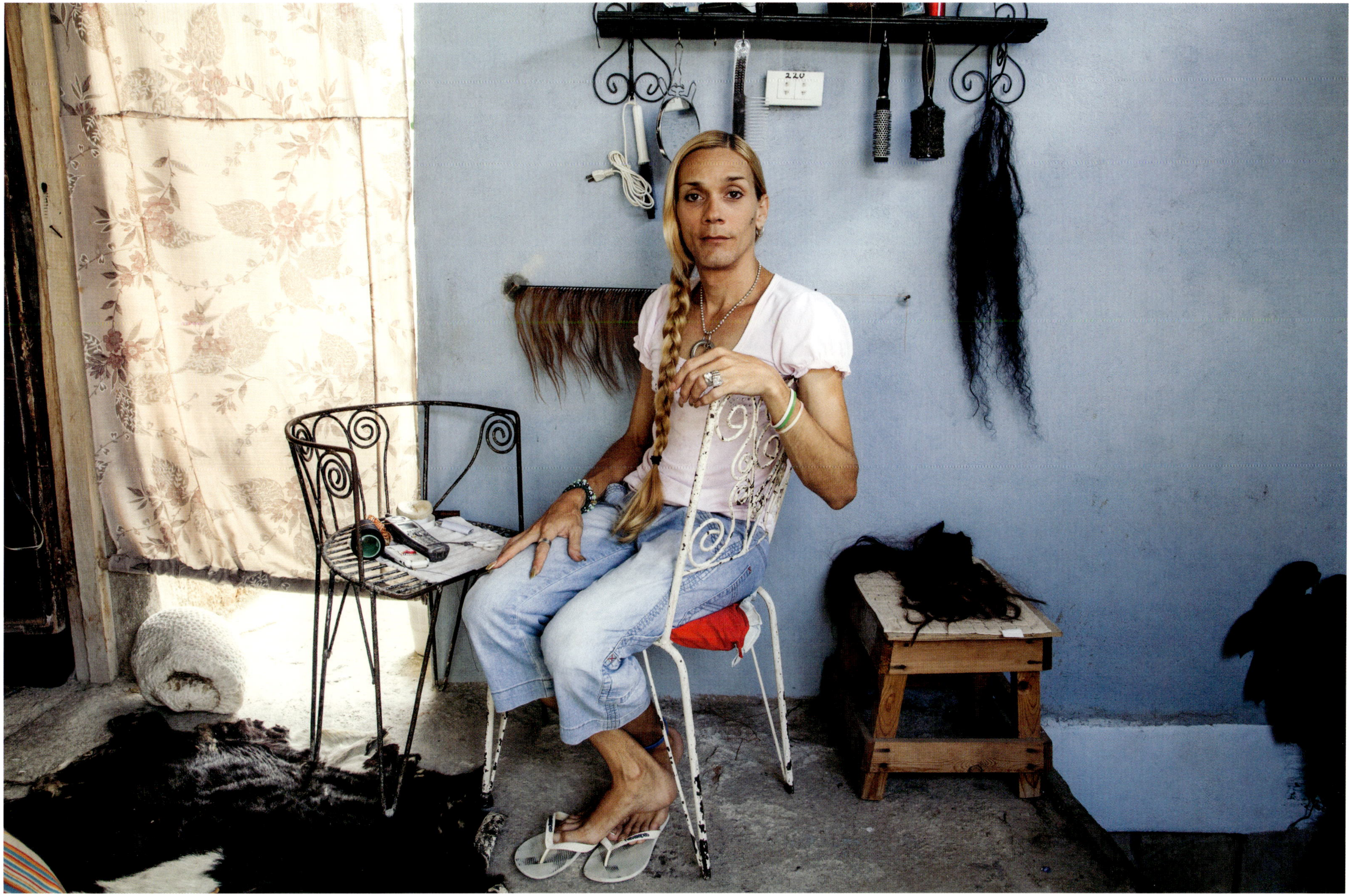

Alaska, hairdresser and performer, working at home, Santiago de Cuba | *Alaska, peluquera e intérprete, trabajando desde su casa, Santiago de Cuba*

Charito at home with one-week-old piglet, Camagüey
Charito en su casa con un cerdito de una semana, Camagüey

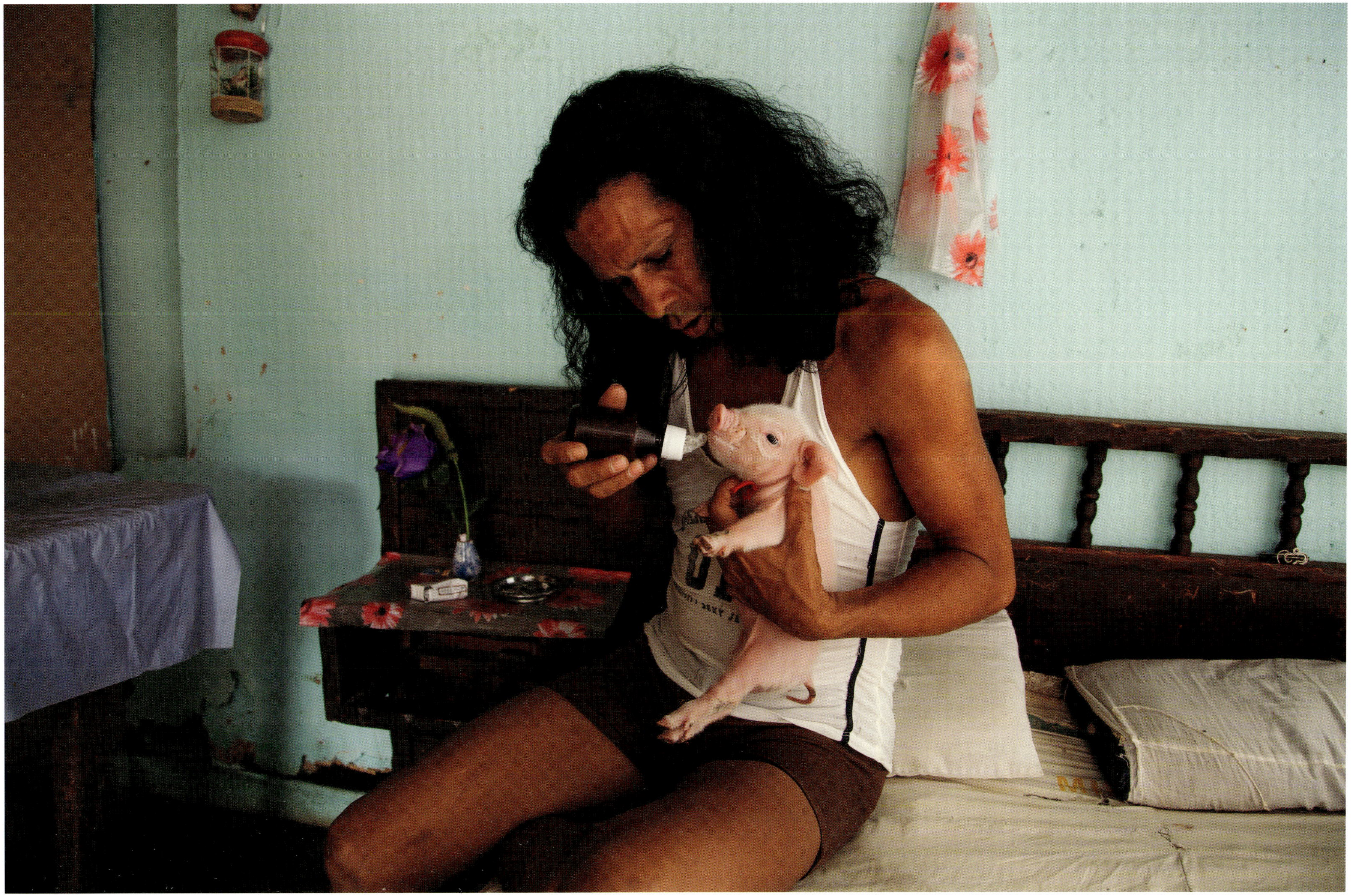

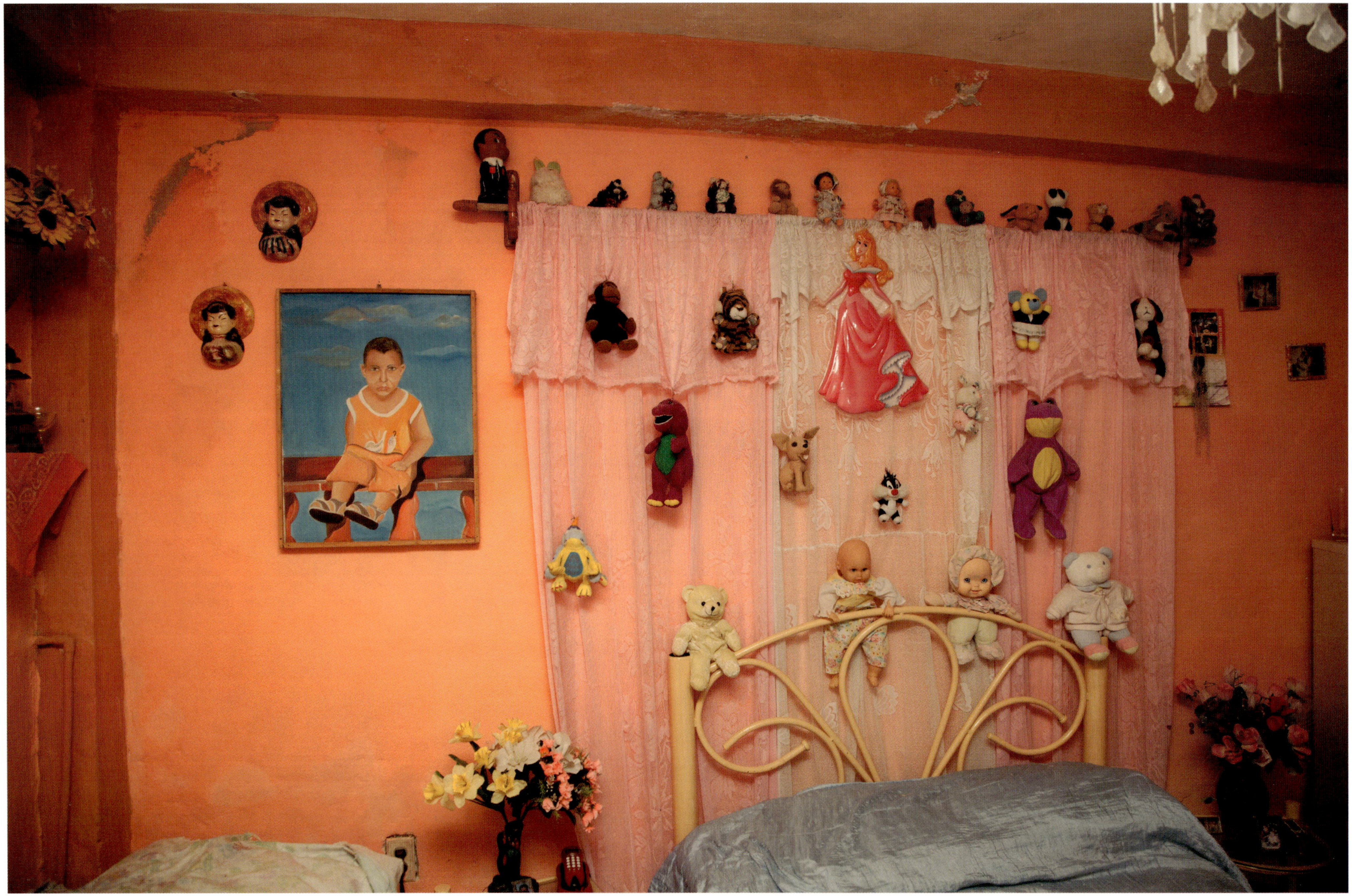

Bedroom of dressmaker Orlando and partner Yosvany, Havana | *Habitación del modista Orlando y su pareja Yosvany, La Habana*

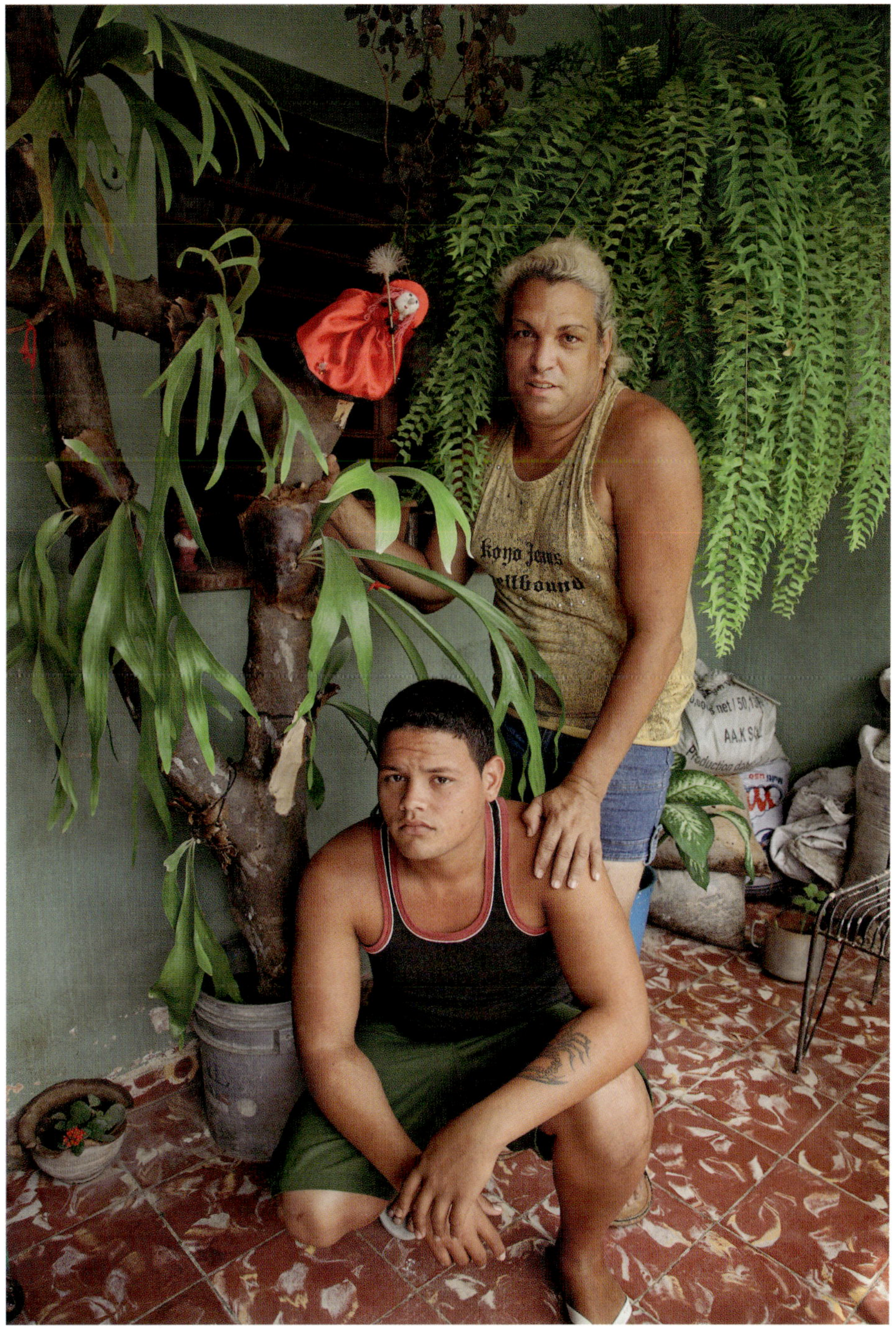

Orlando, dressmaker, with partner, Yosvany, Havana | *El modista Orlando con su pareja, Yosvany, La Habana*

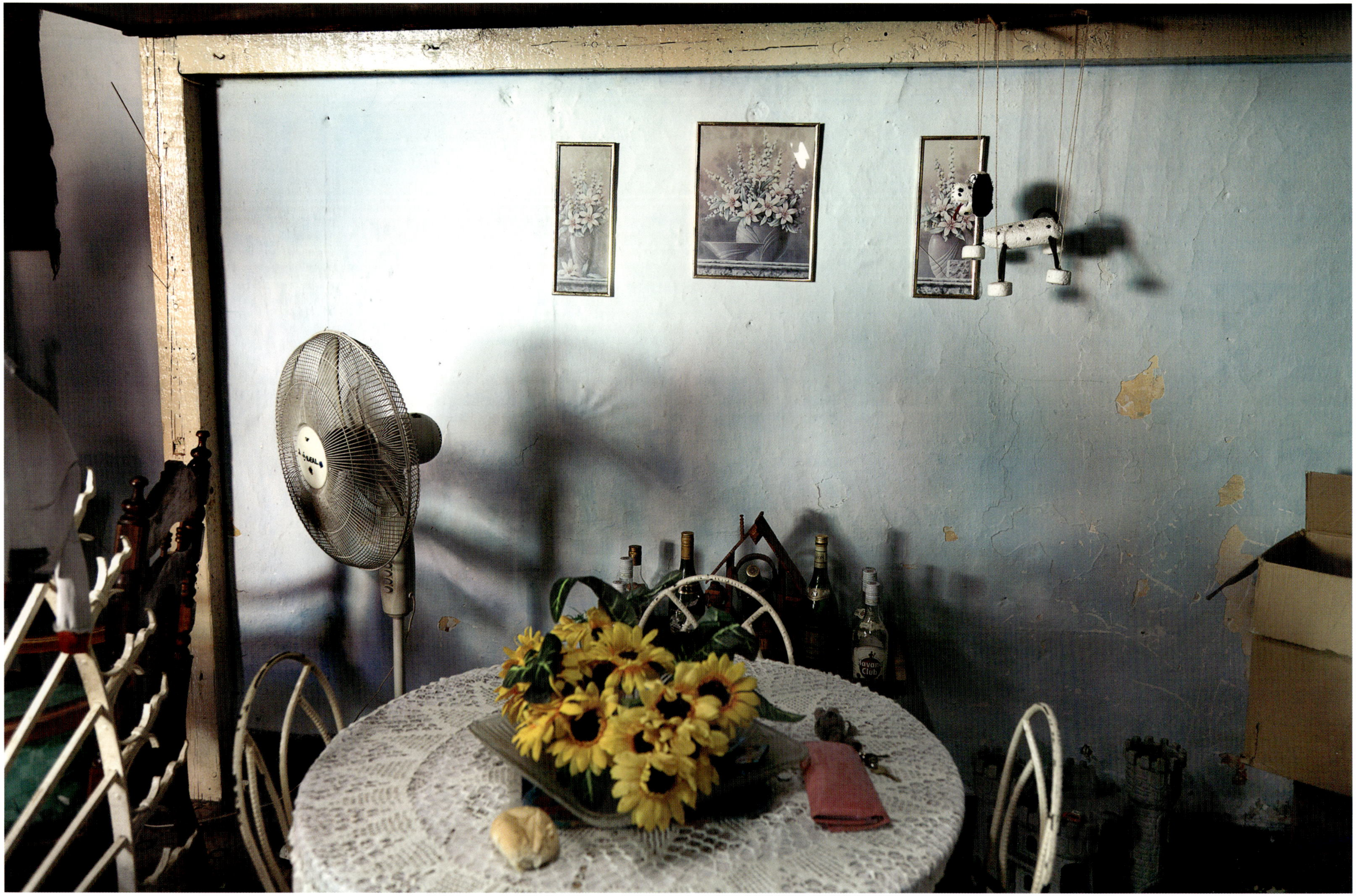

Room in Nomi's childhood home, now her brother's home, Havana | *Habitación en la casa de infancia de Nomi, ahora la casa de su hermano, La Habana*

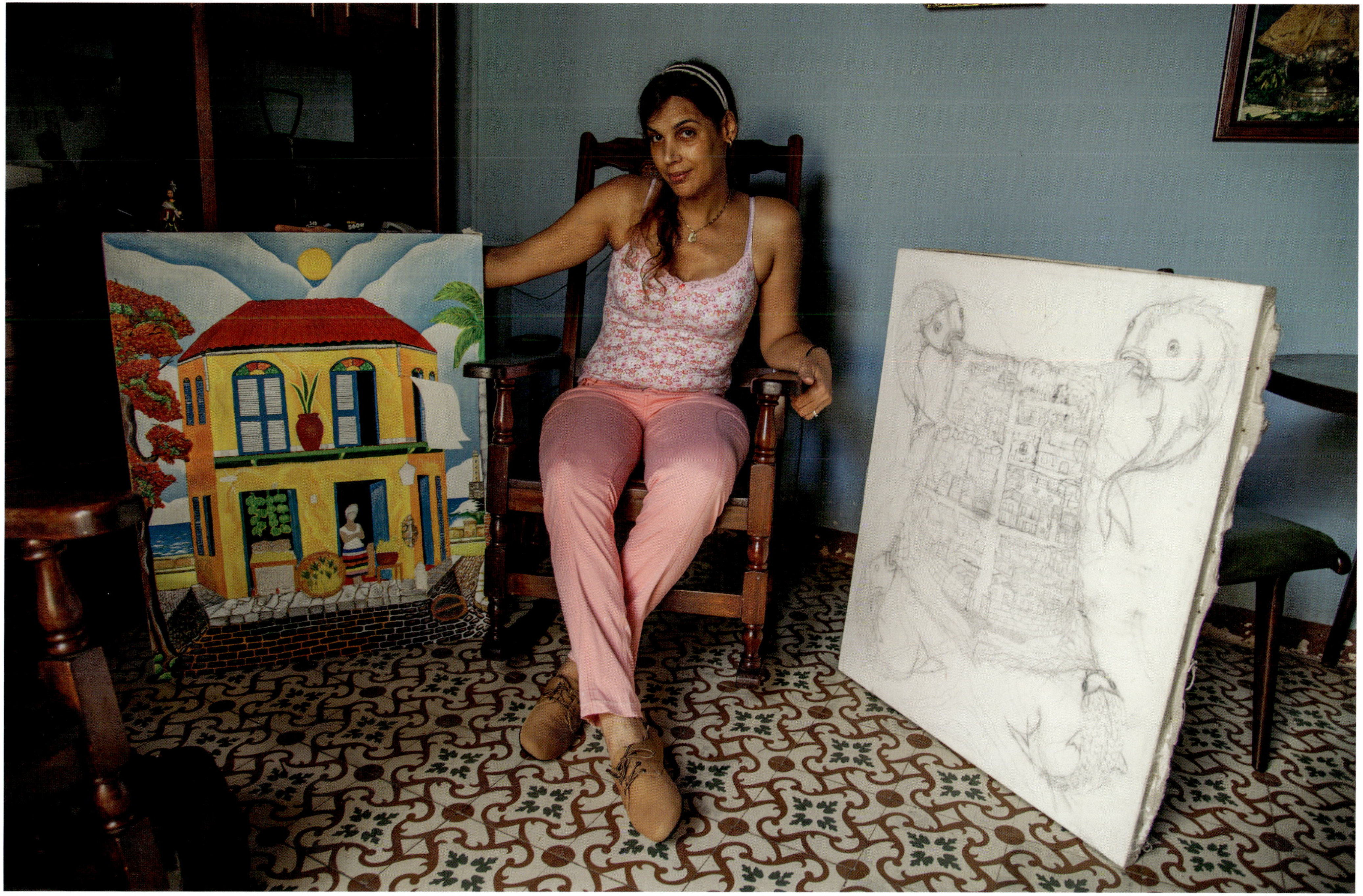

Yanet at home with some of her artwork, Havana | *Yanet en su casa con algunas de sus obras de arte, La Habana*

Sheila at her aunt's apartment, Ciego de Ávila
Sheila en el apartamento de su tía, Ciego de Ávila

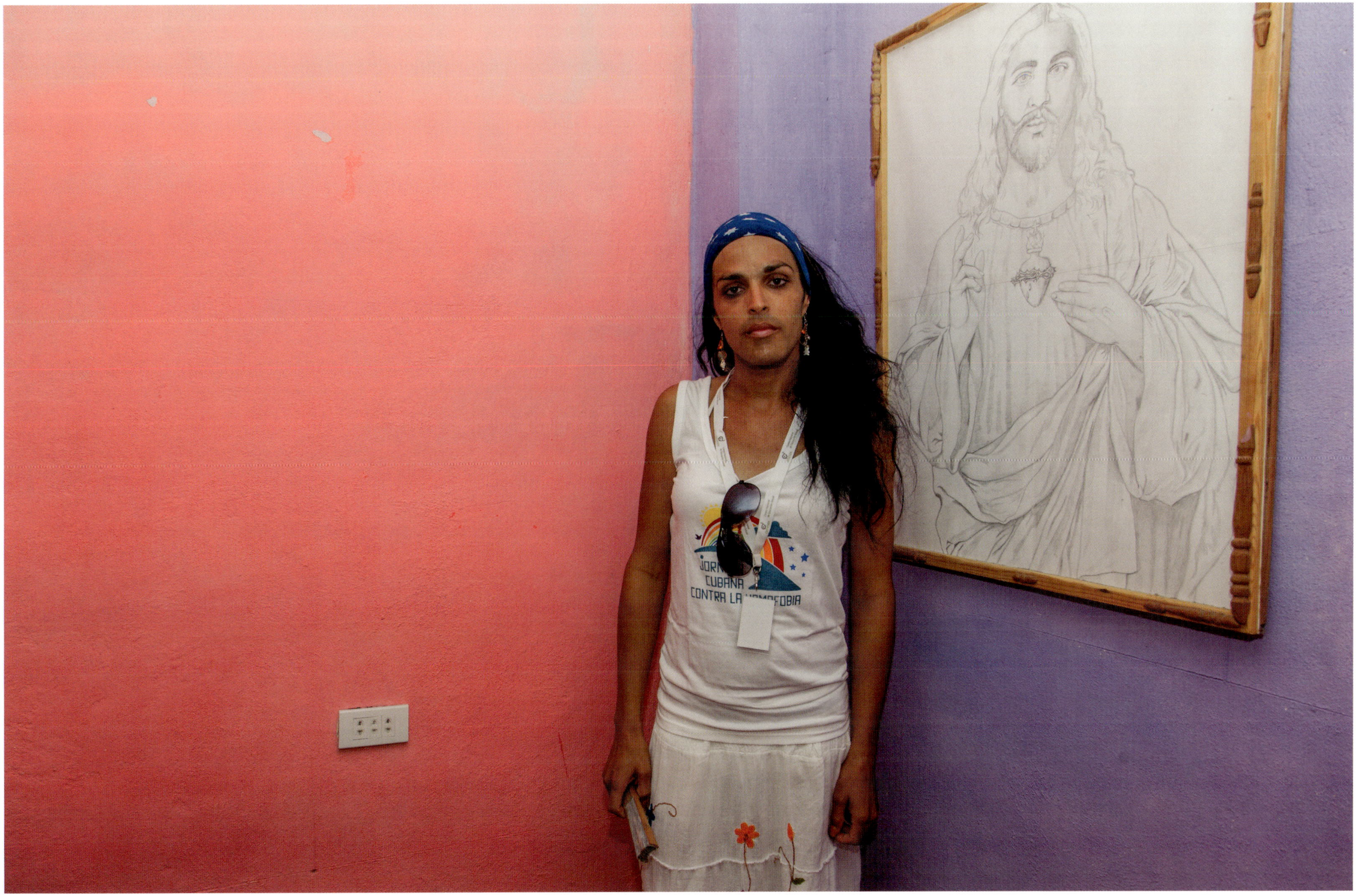
CUBANA
CONTRA LA

Claudia and Malu, Cienfuegos

Claudia y Malu, Cienfuegos

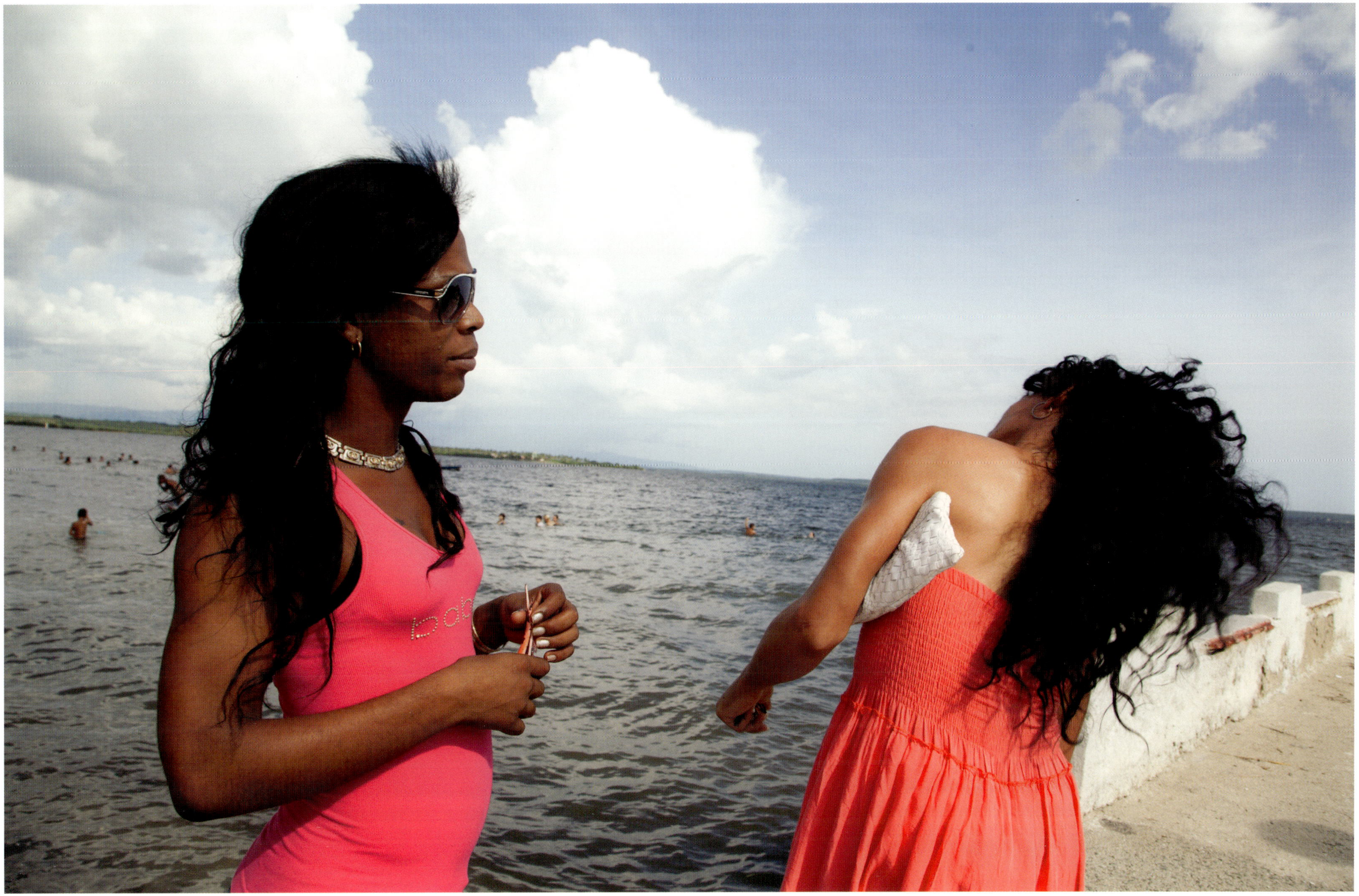

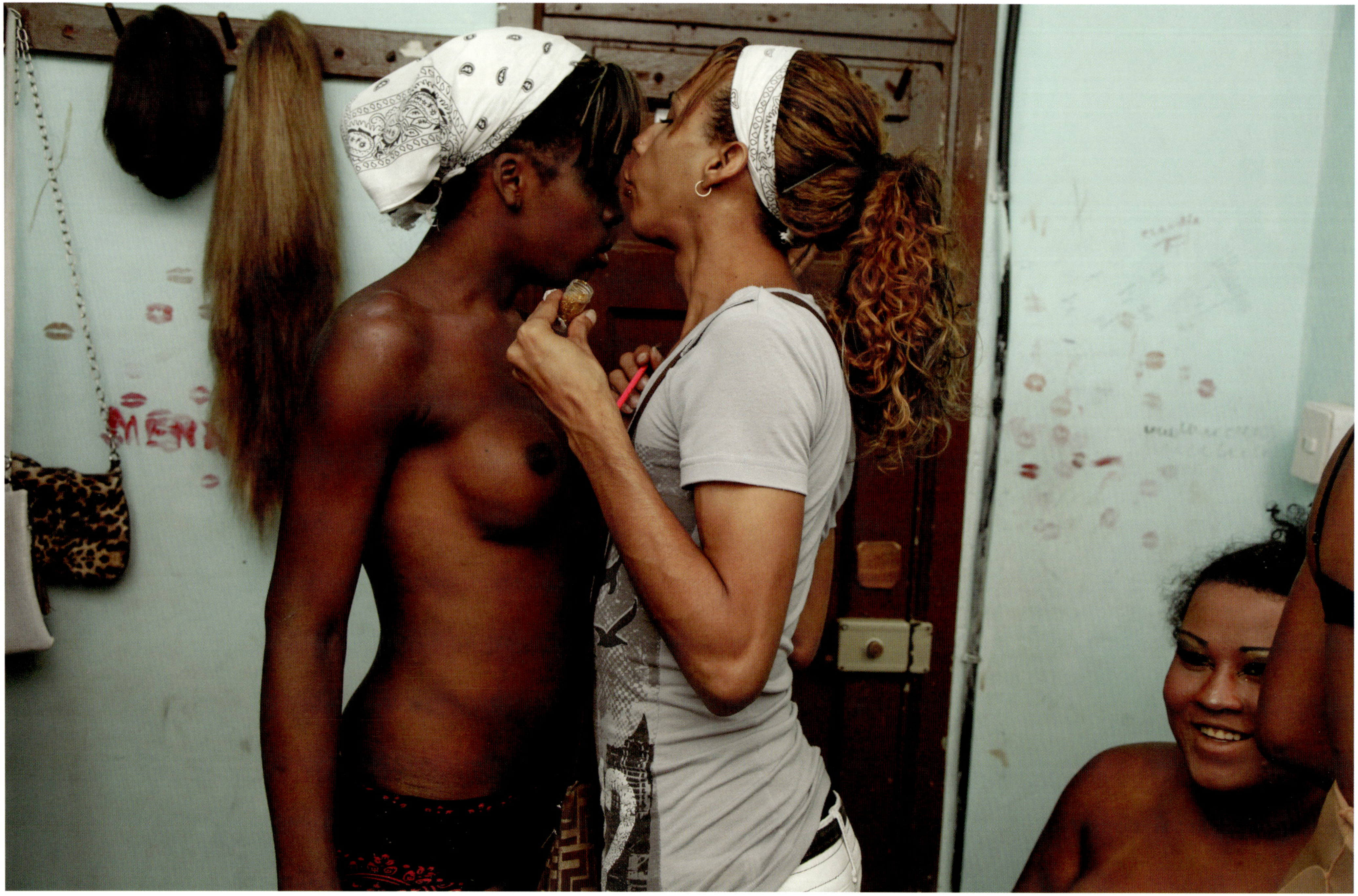

Drying eyelashes, backstage at the National Theater, Havana | *Secando pestañas, entre bastidores en el Teatro Nacional, La Habana*

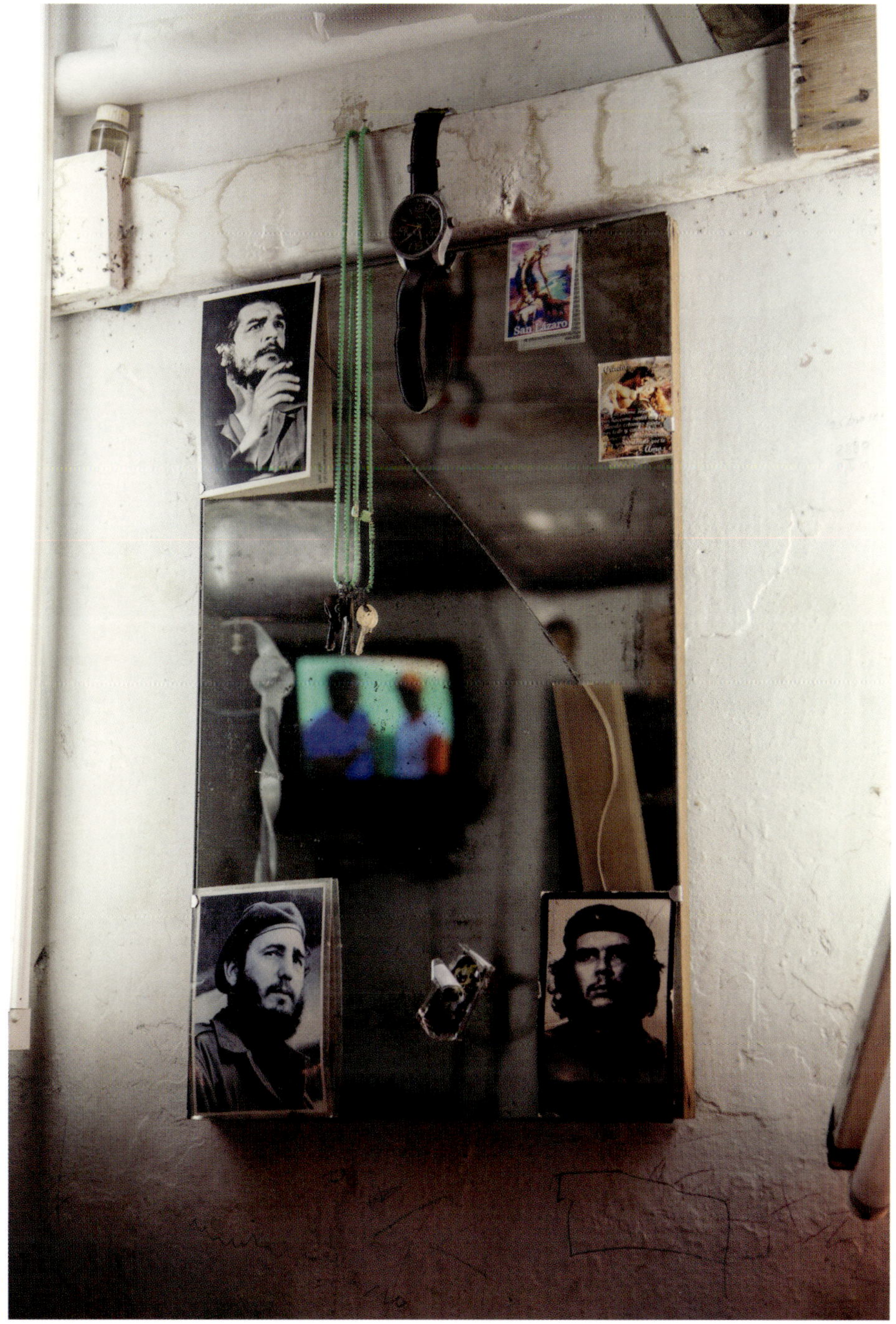

Tattoo artist's mirror, Cienfuegos | *Espejo de un artista tatuador, Cienfuegos*

Performer at the Las Vegas Club, Havana
Intérprete en el Club Las Vegas, La Habana

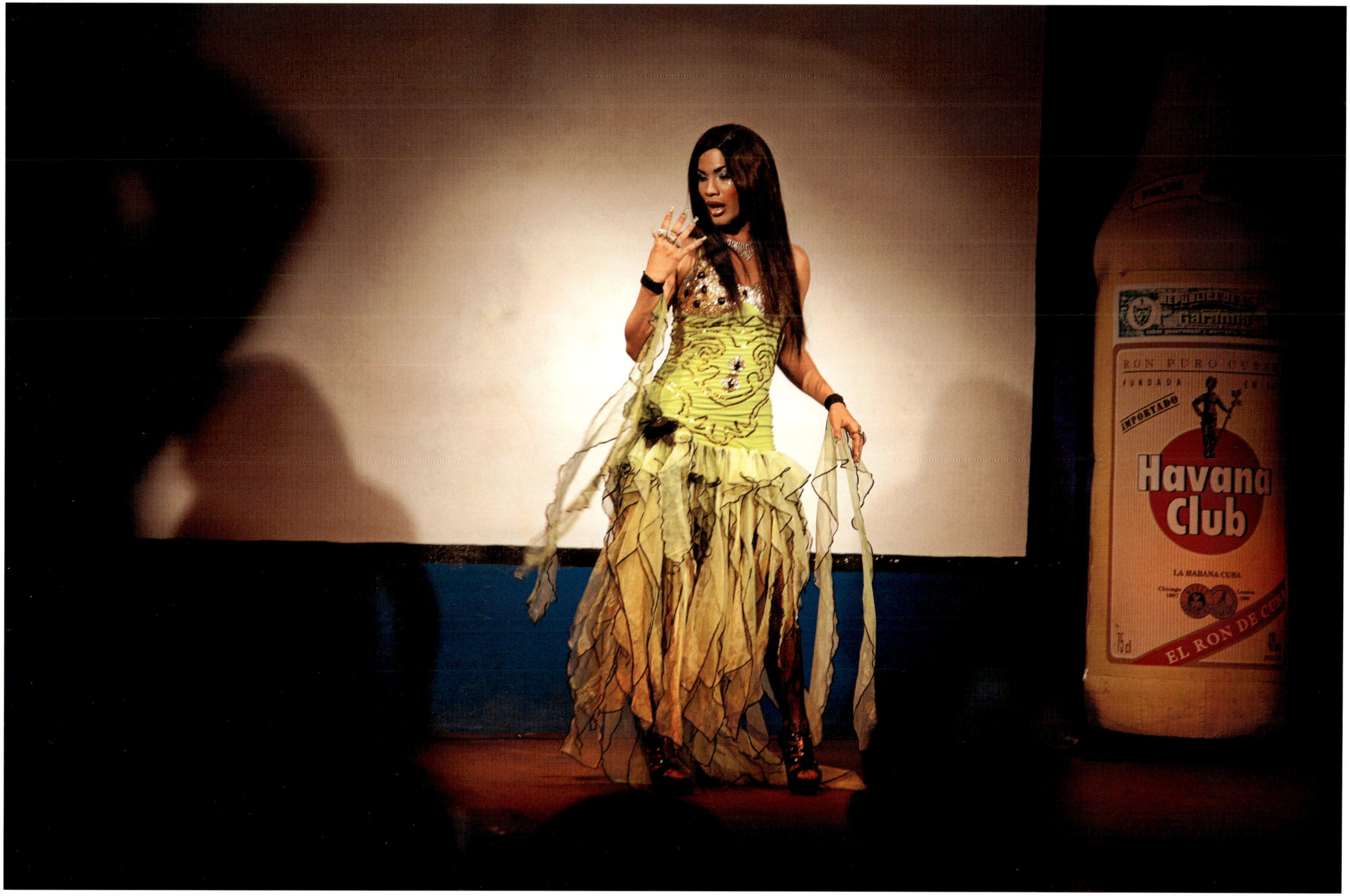
IMPORTADO
Havana Club
LA HABANA CUBA

Amanda at home wearing Eiffel Tower T-shirt, Havana
Amanda en su casa usando una camisa de la Torre Eiffel, La Habana

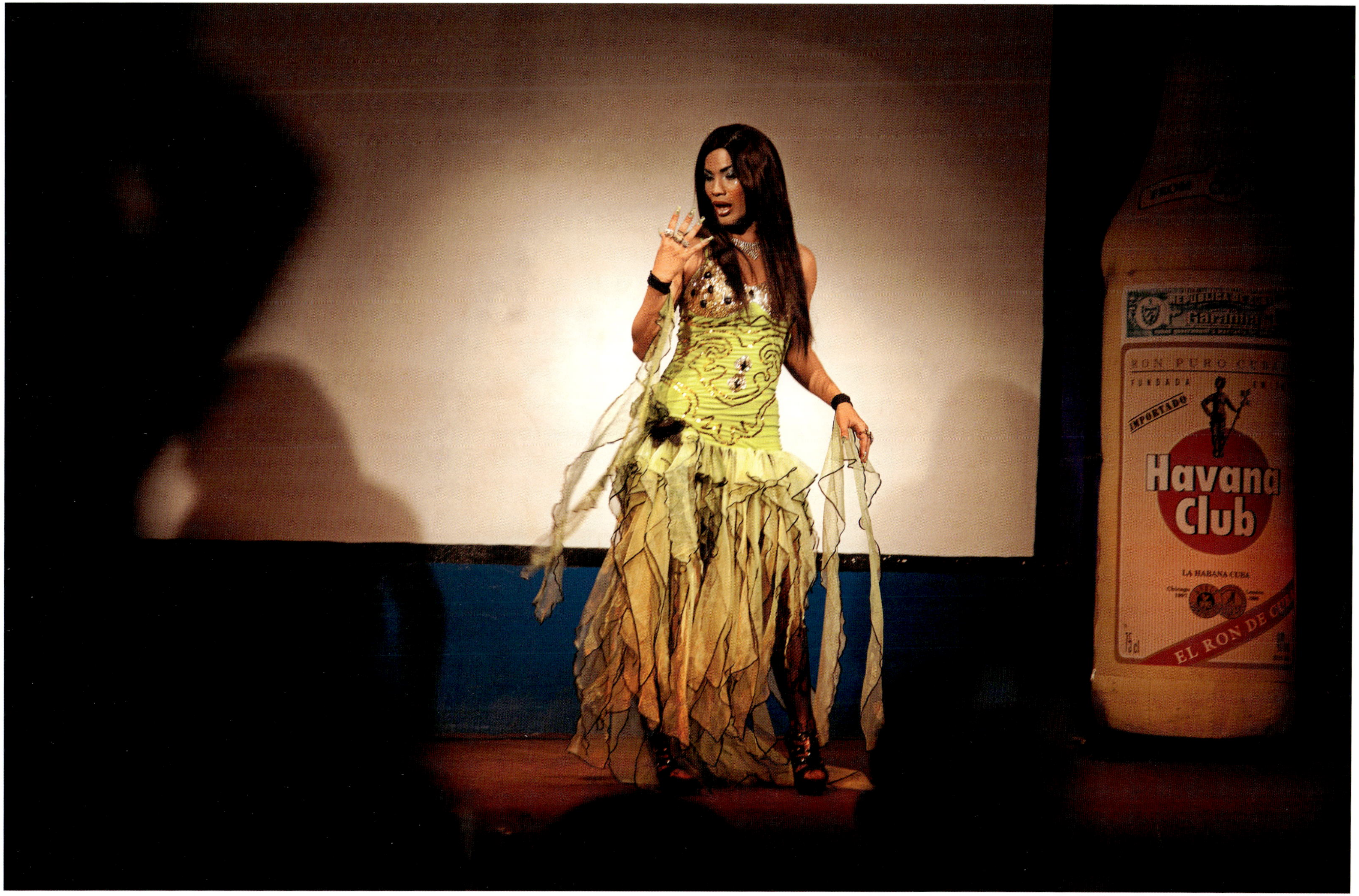
IMPORTADO
Havana Club
LA HABANA CUBA

Amanda at home wearing Eiffel Tower T-shirt, Havana
Amanda en su casa usando una camisa de la Torre Eiffel, La Habana

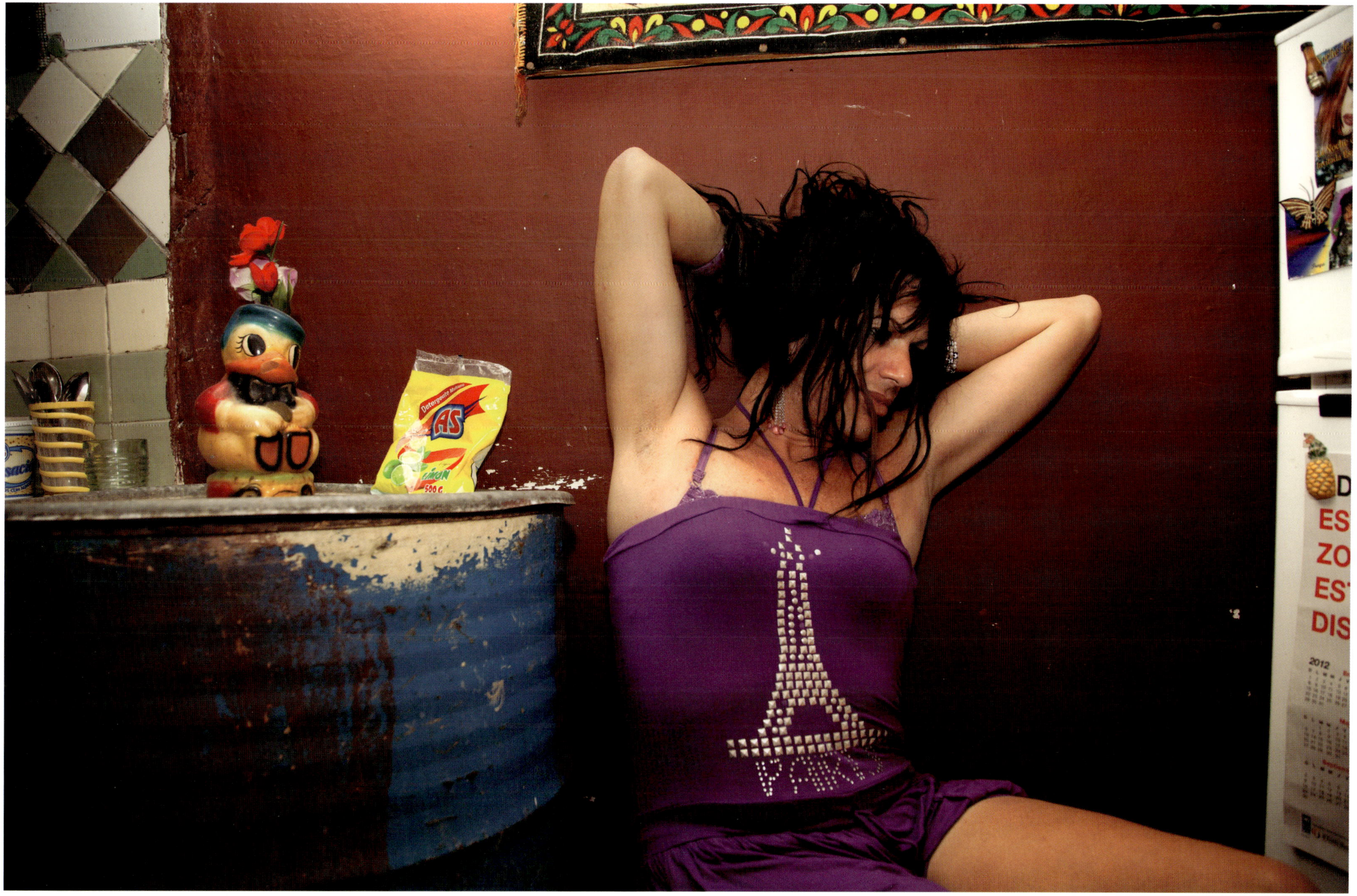
AS
PARIS
2012

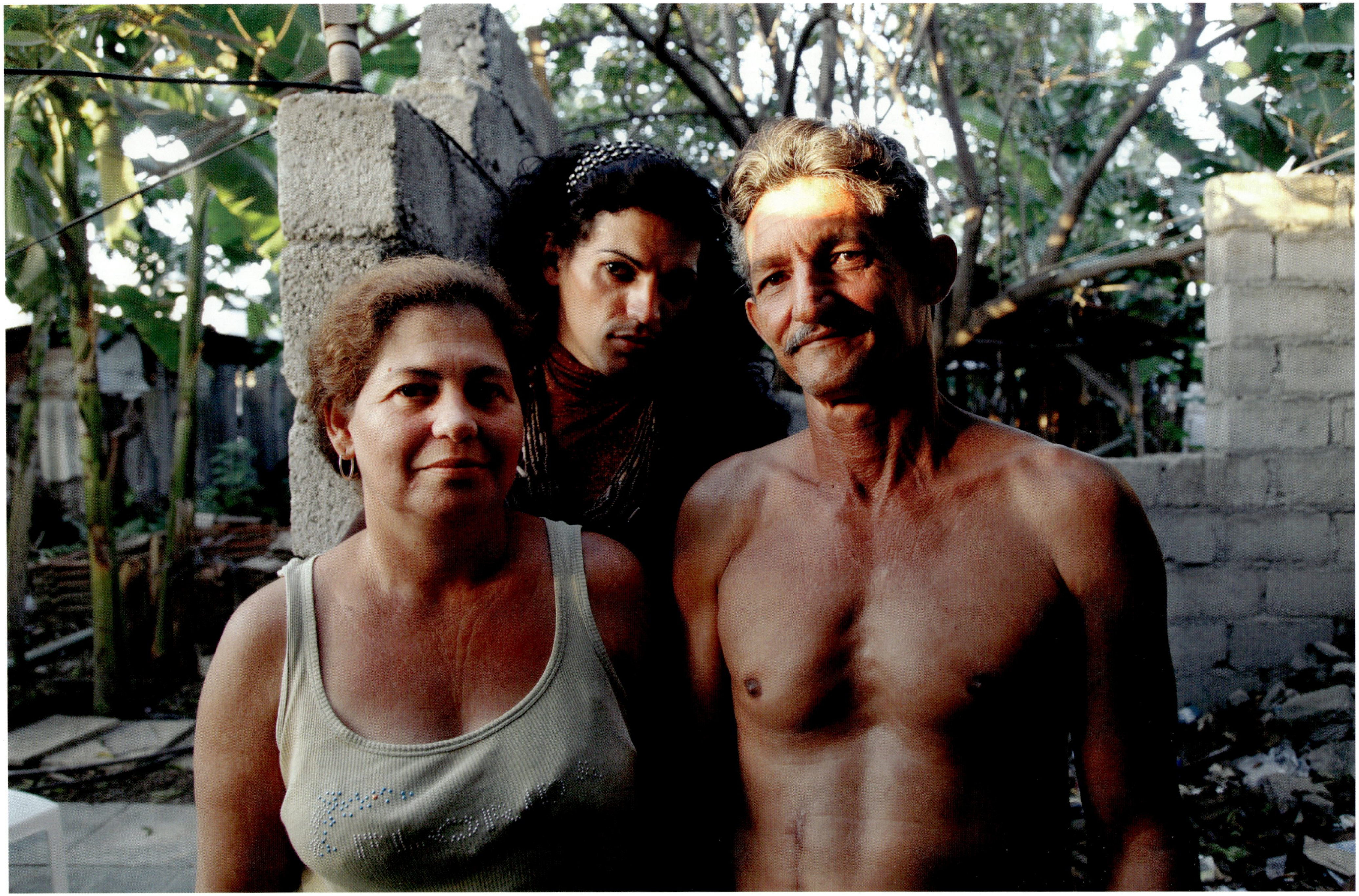

Malu with her parents, Cienfuegos | *Malu con sus padres, Cienfuegos*

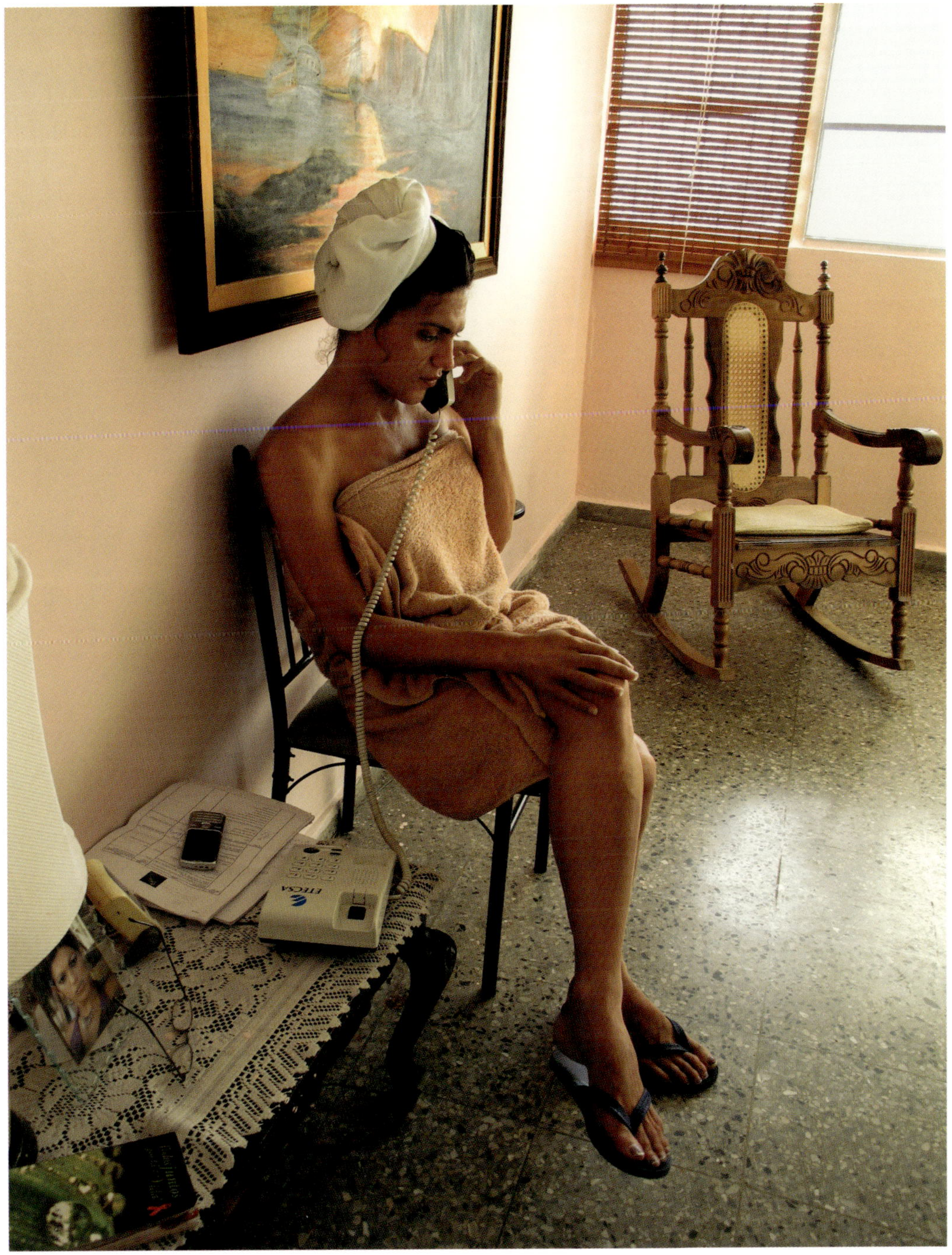

Malu at home, Havana | *Malu en su casa, La Habana*

Mike and partner, Charito, with their dog, Camagüey
Mike y su pareja, Charito, con su perro, Camagüey

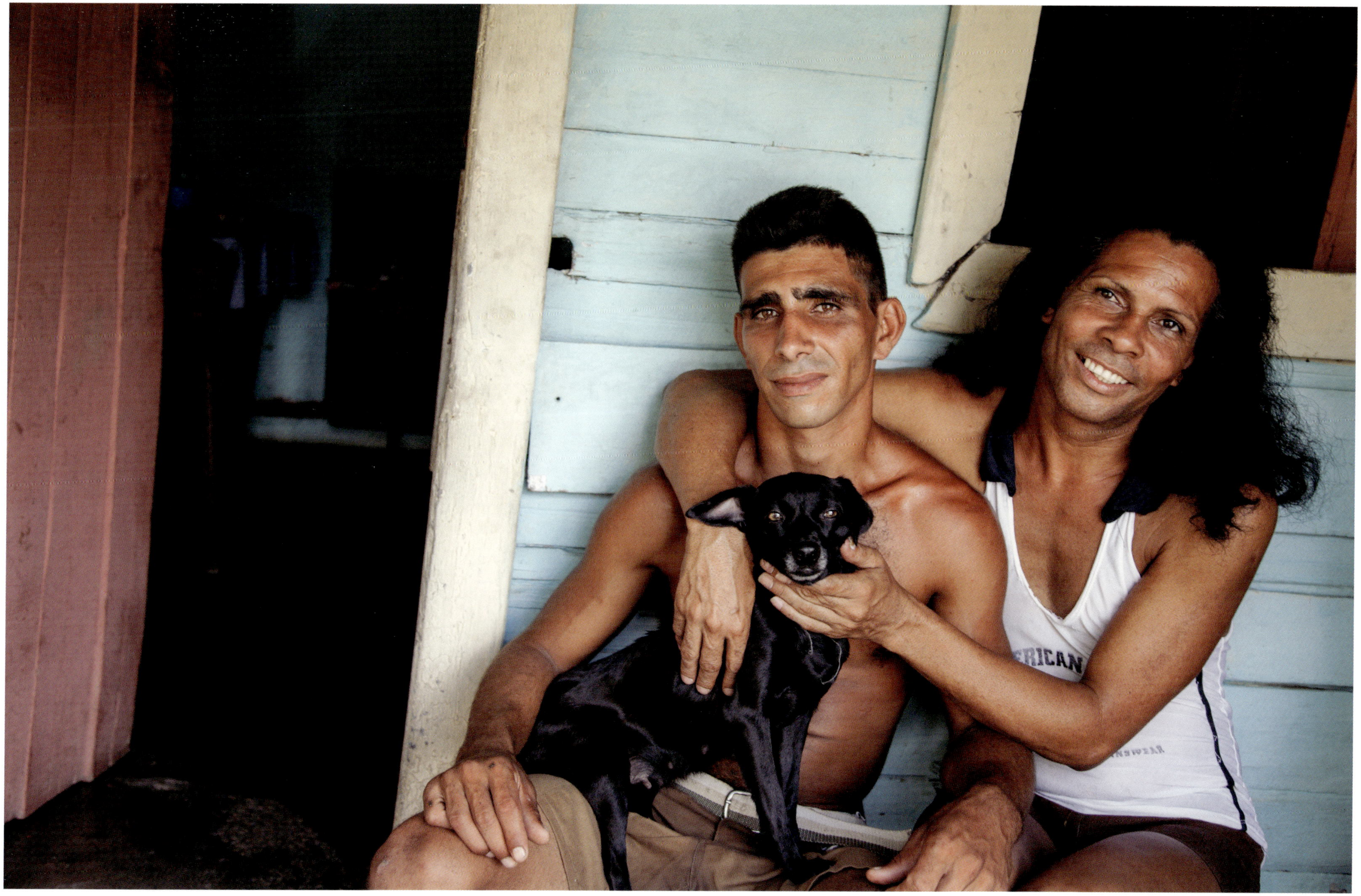

Baseball poster and photograph of Amanda when she was younger
Póster de béisbol y foto de Amanda cuando joven

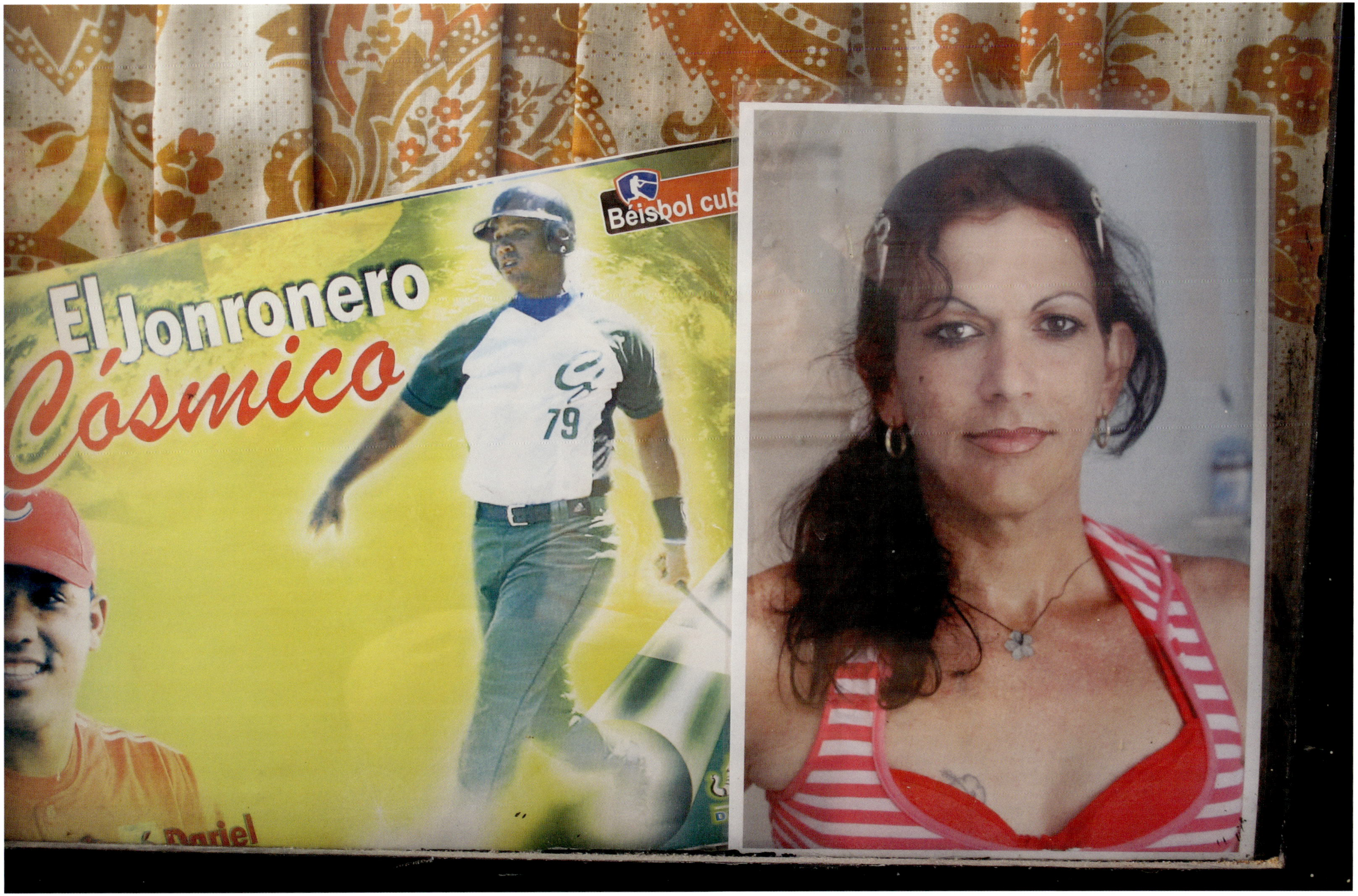
Béisbol cub
El Jonronero
Cósmico
79

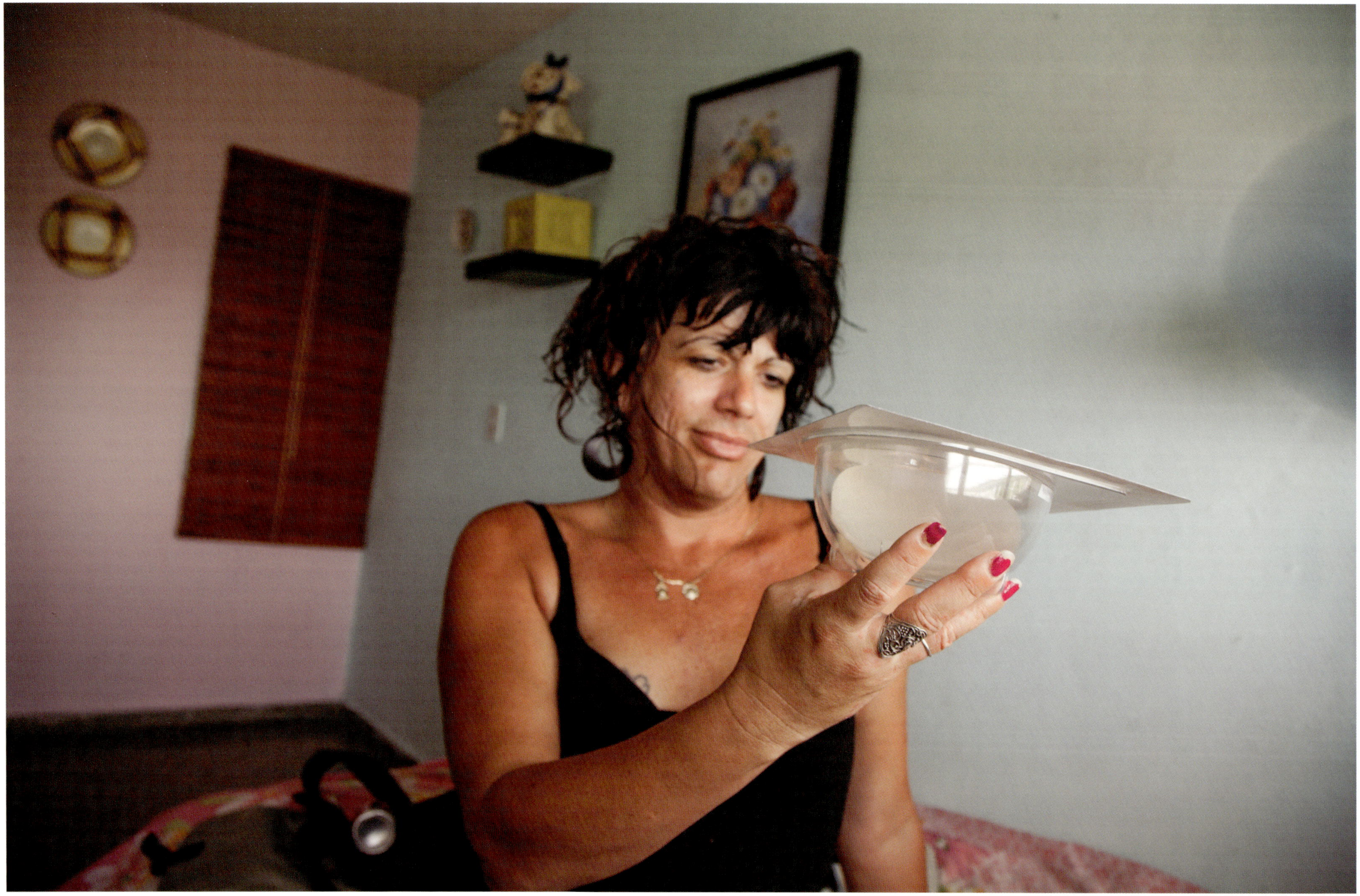

Amanda, with silicone breasts, two months before surgery, at Malu's apartment, Havana | *Amanda, con senos de silicona, dos meses antes de su operación, en el apartamento de Malu, La Habana*

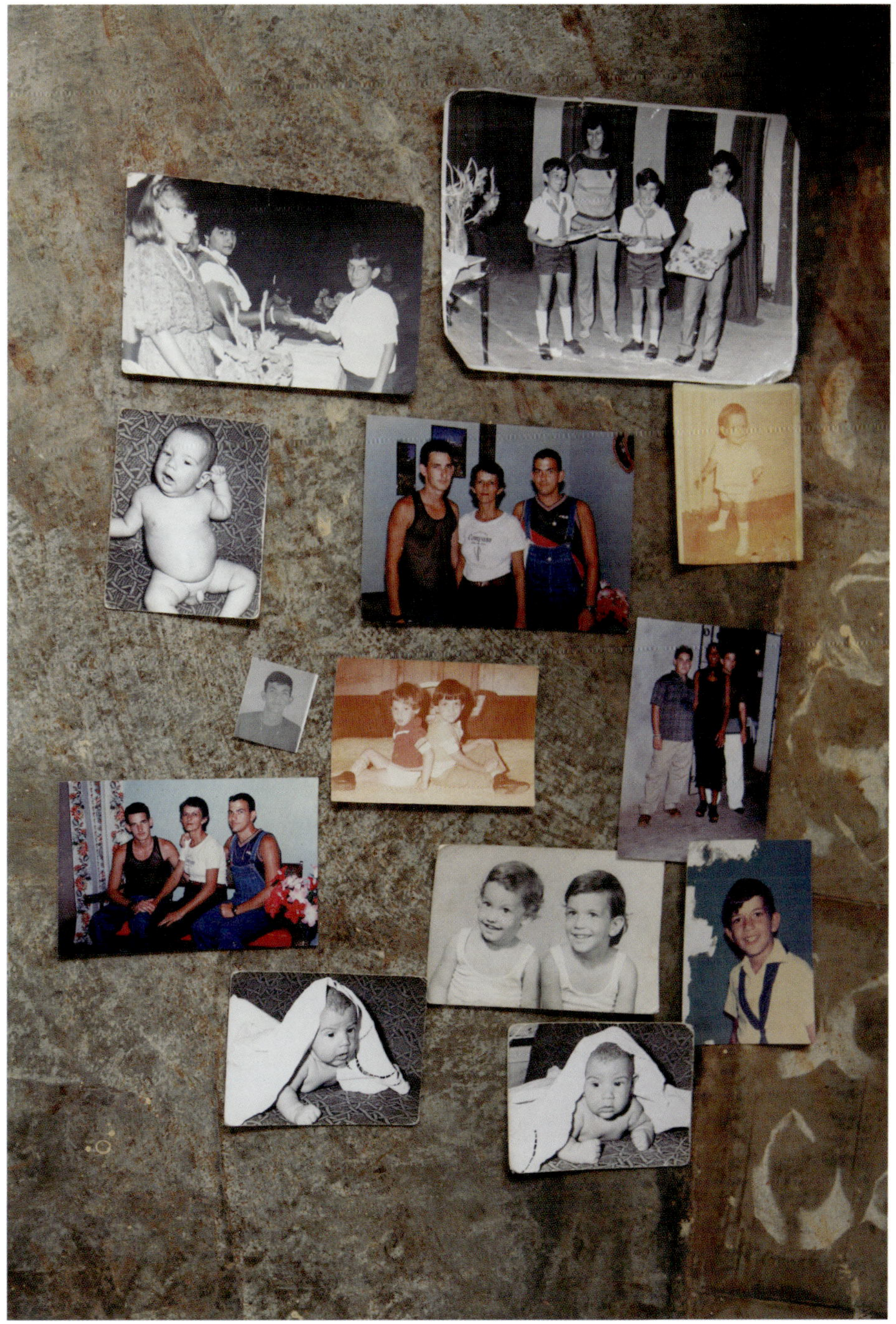

Amanda's baby pictures at her mother's house, Artemisa Province
Fotos de niñez de Amanda en casa de su madre, Provincia Artemisa

Wendy at home, Havana
Wendy en su casa, La Habana

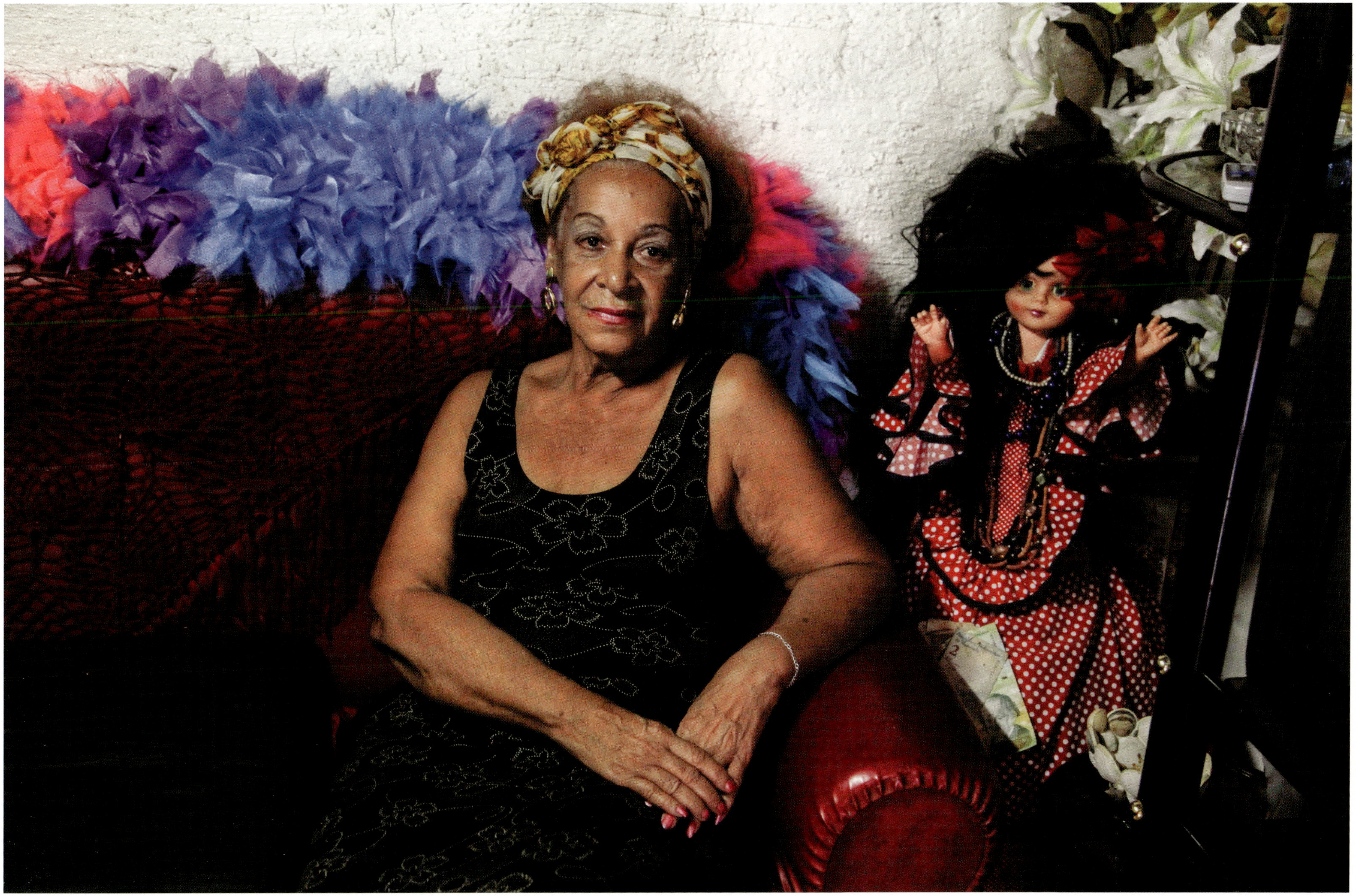

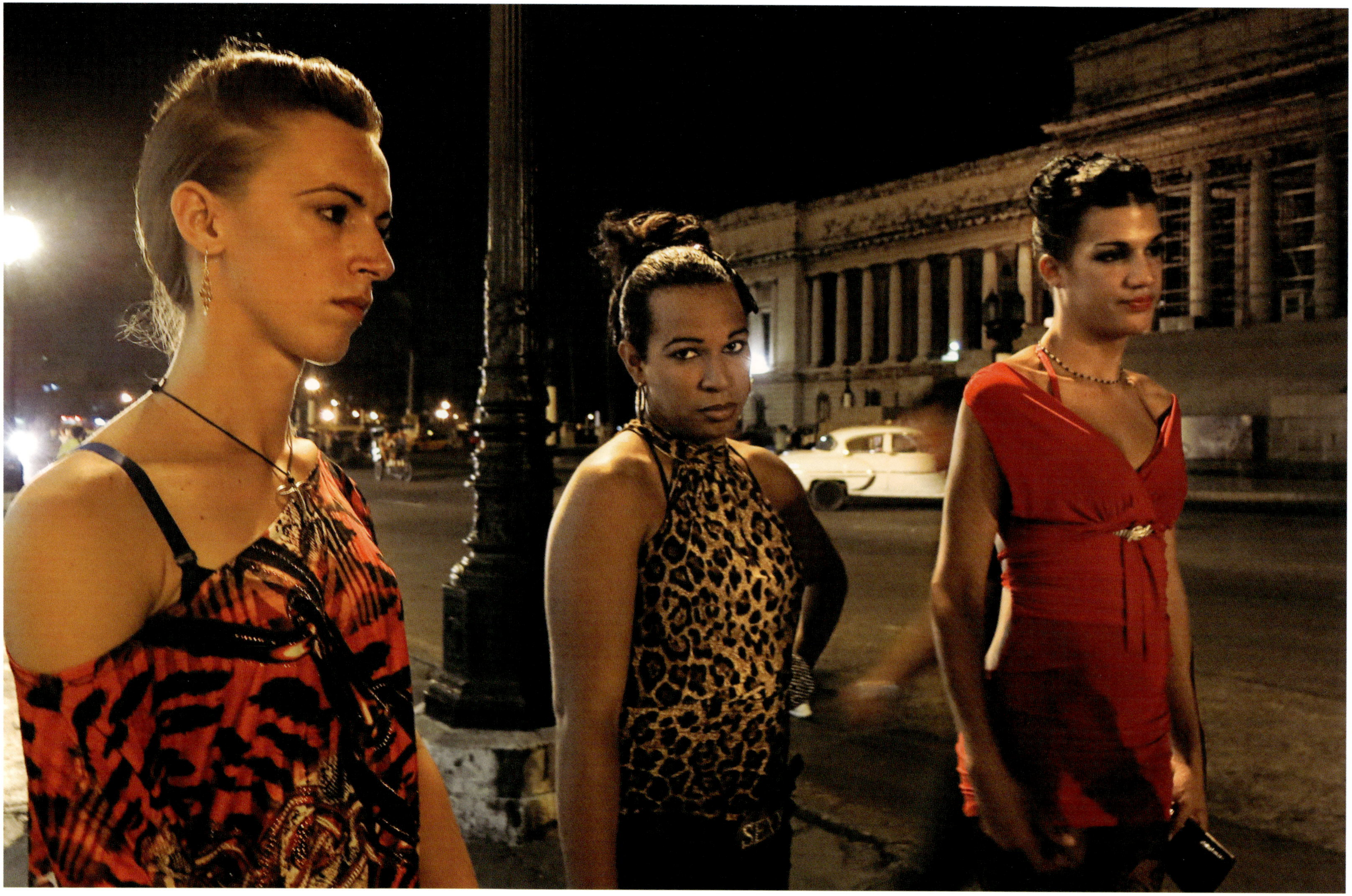

Walking at night, Havana | *Caminando de noche, La Habana*

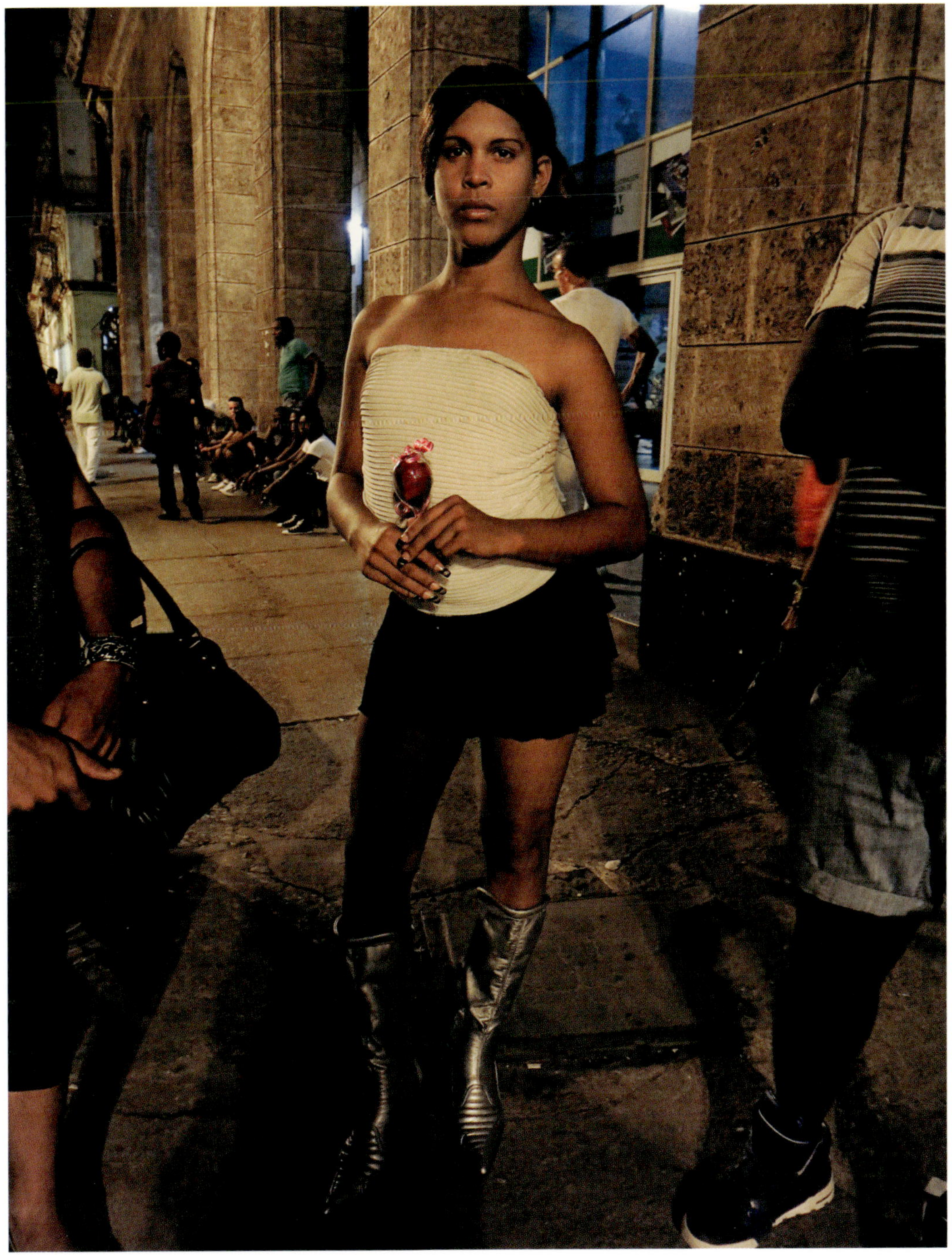

Rapunzel, fifteen years old, Havana | *Rapunzel, quince años, La Habana*

Laura at home, Havana
Laura en su casa, La Habana

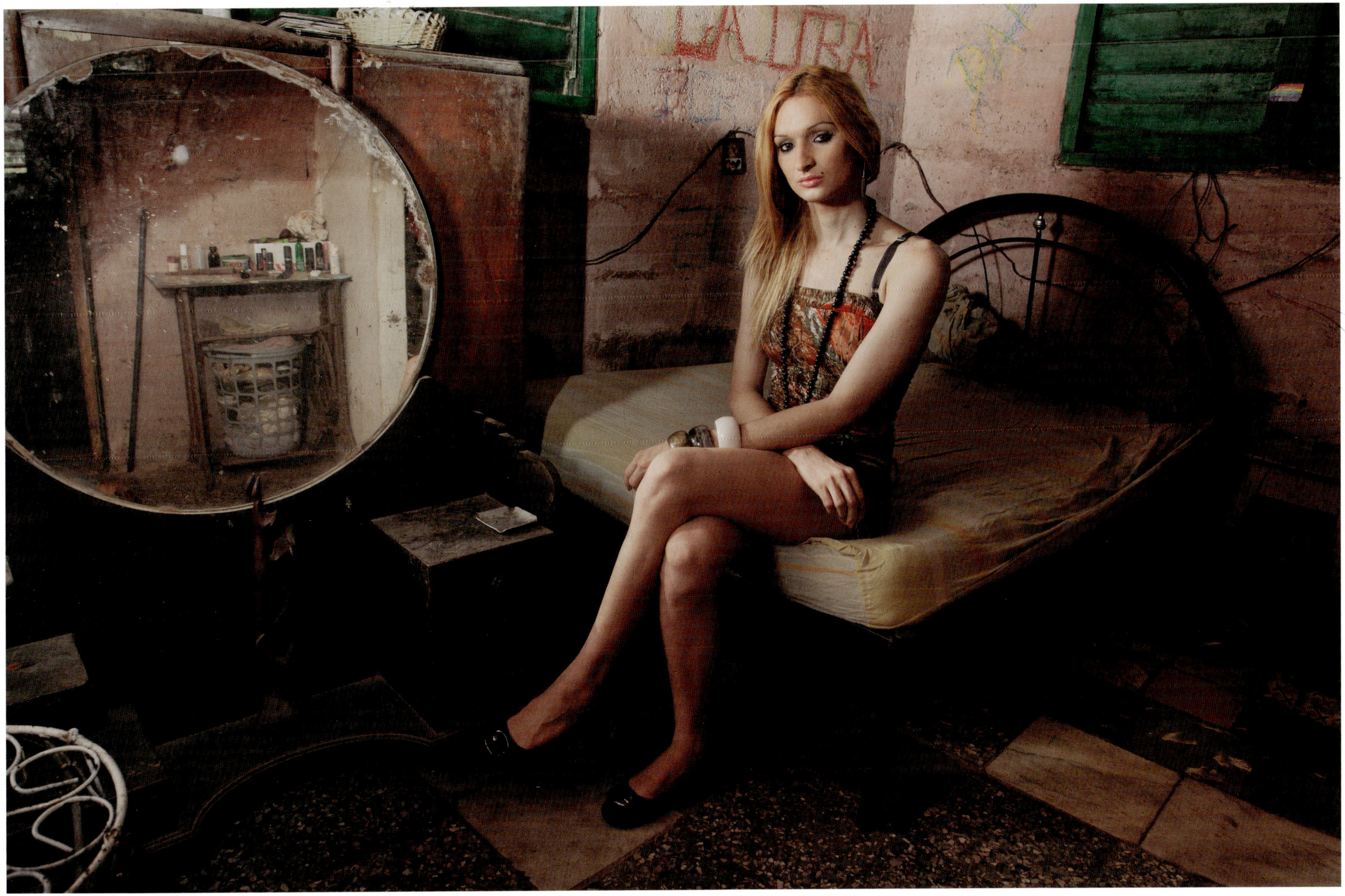
LAURA

Nomi and Miguel, partners, watching television at Malu's apartment, Havana
Nomi y Miguel, su pareja, viendo televisión en el apartamento de Malu, La Habana

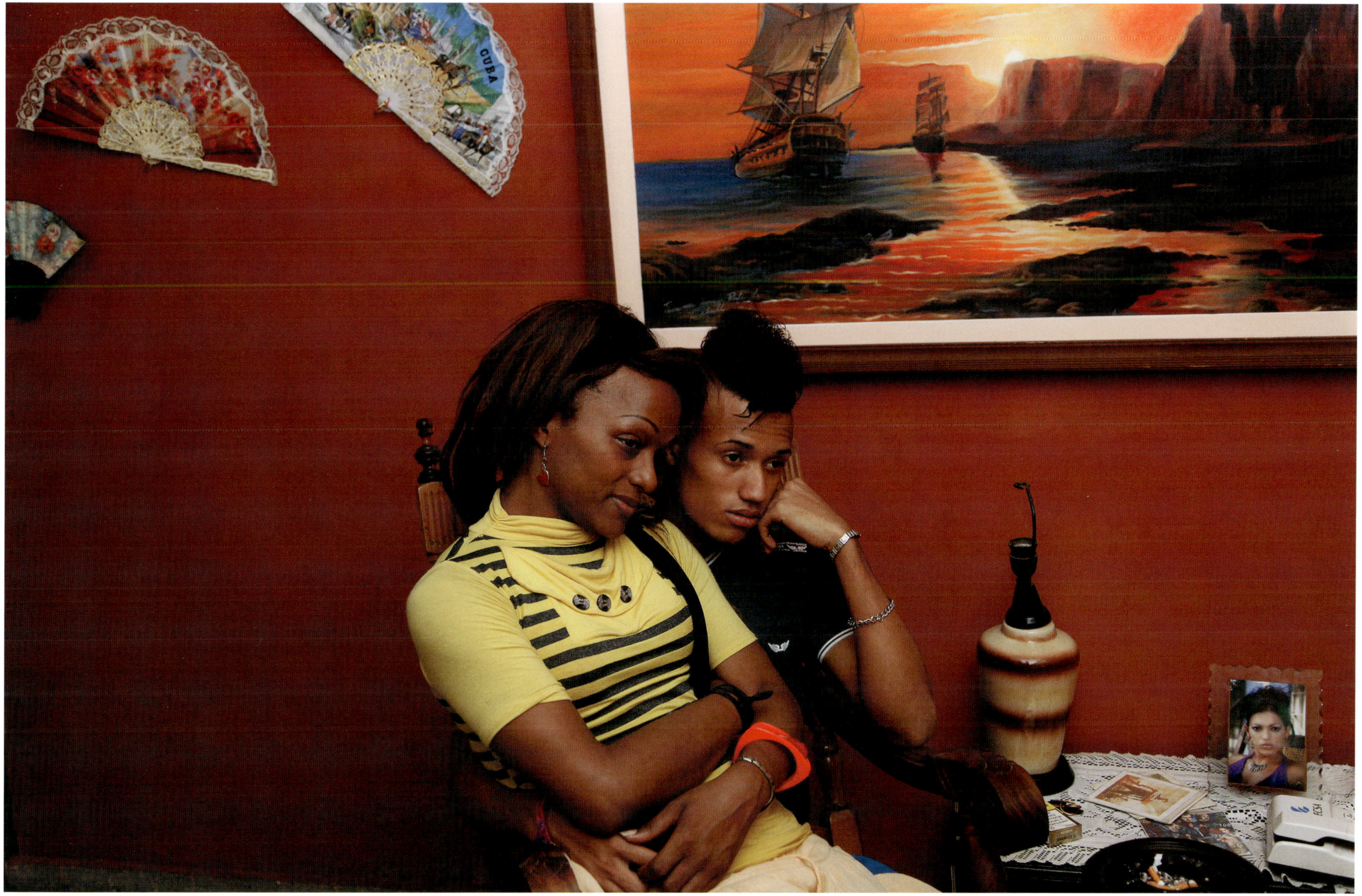
CUBA

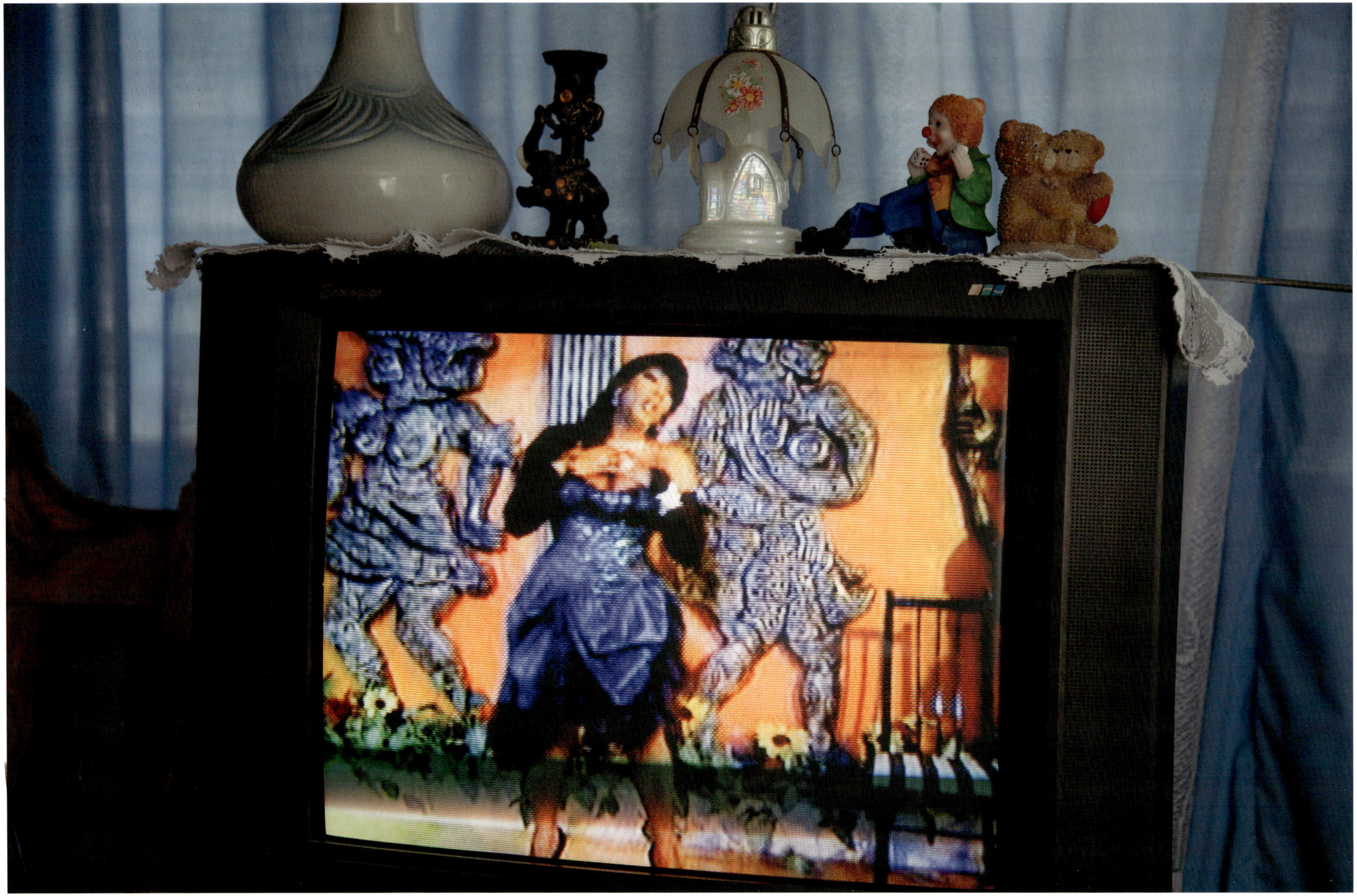

Performer on television | *Intérprete en televisión*

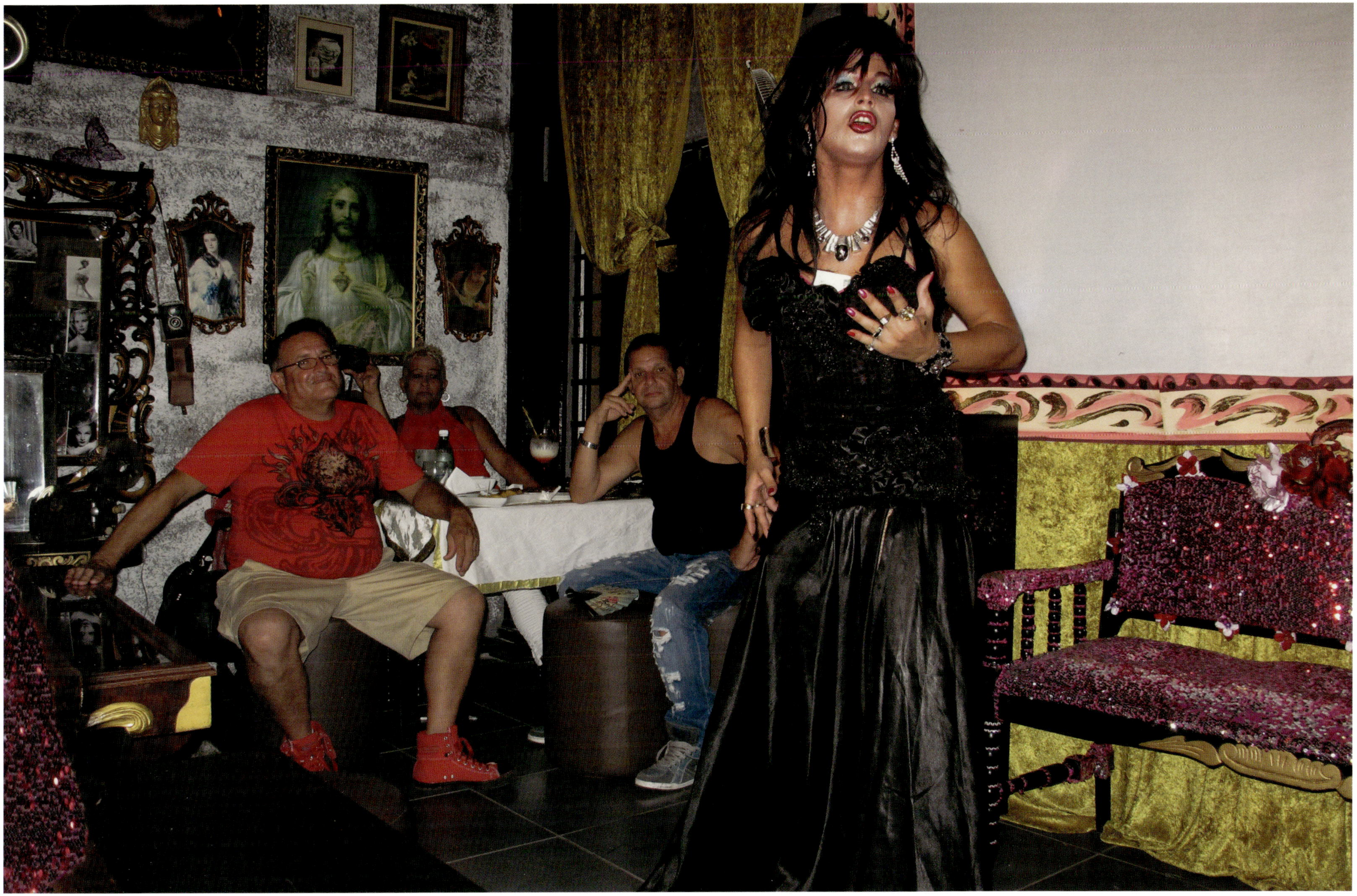

Performer at a restaurant, Havana | *Intérprete en un restaurante, La Habana*

Malu in hotel bed, Cienfuegos

Malu en la cama de un hotel, Cienfuegos

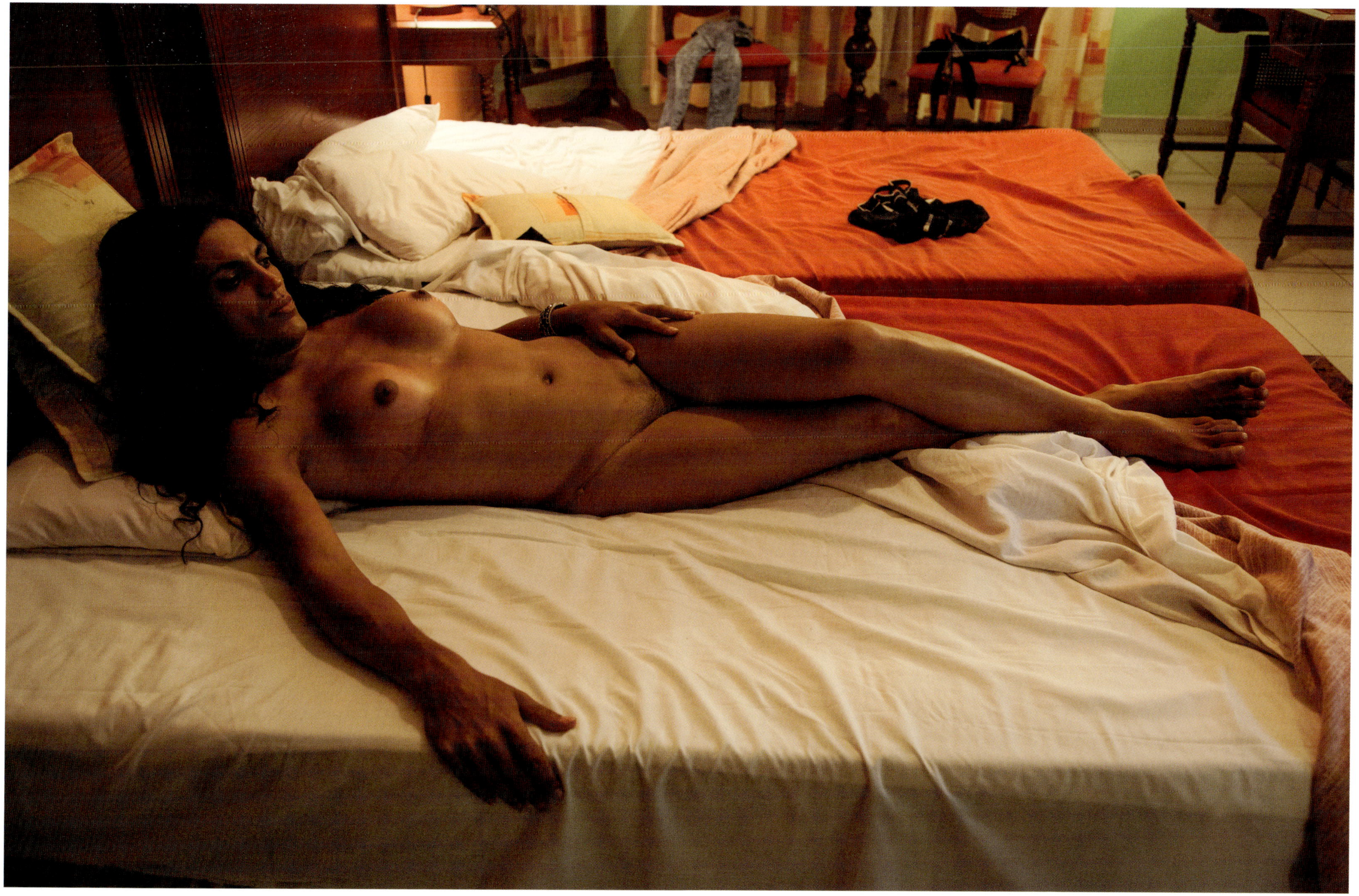

Malu "riding" a horse at Baconao National Park, which has models of prehistoric animals, near Santiago de Cuba

Malu "montando" un caballo en el Parque Nacional Baconao, que posee modelos de animales prehistóricos, cerca de Santiago de Cuba

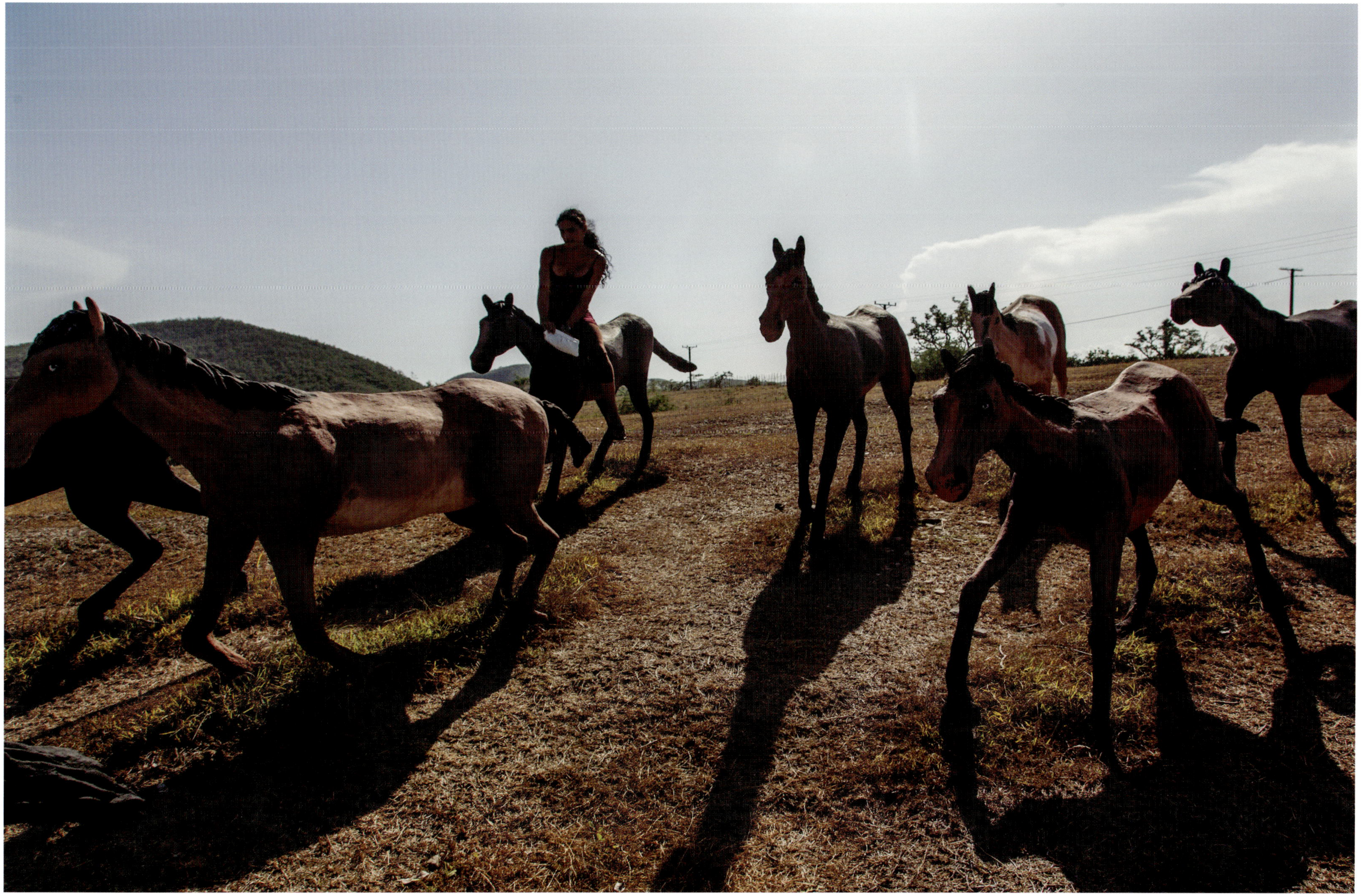

Alsola, Santiago de Cuba
Alsola, Santiago de Cuba

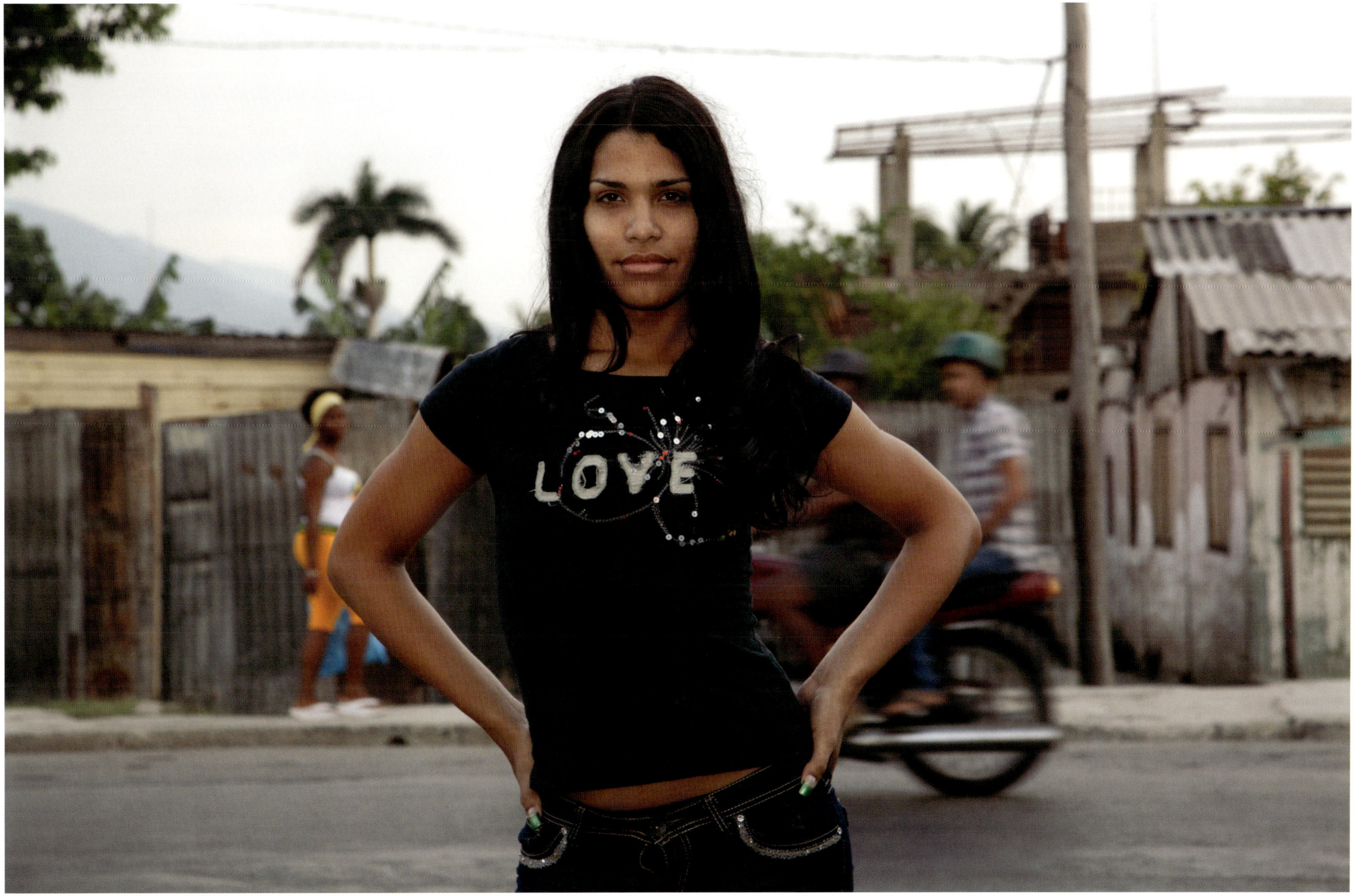
LOVE

Television eyes
Ojos de televisión

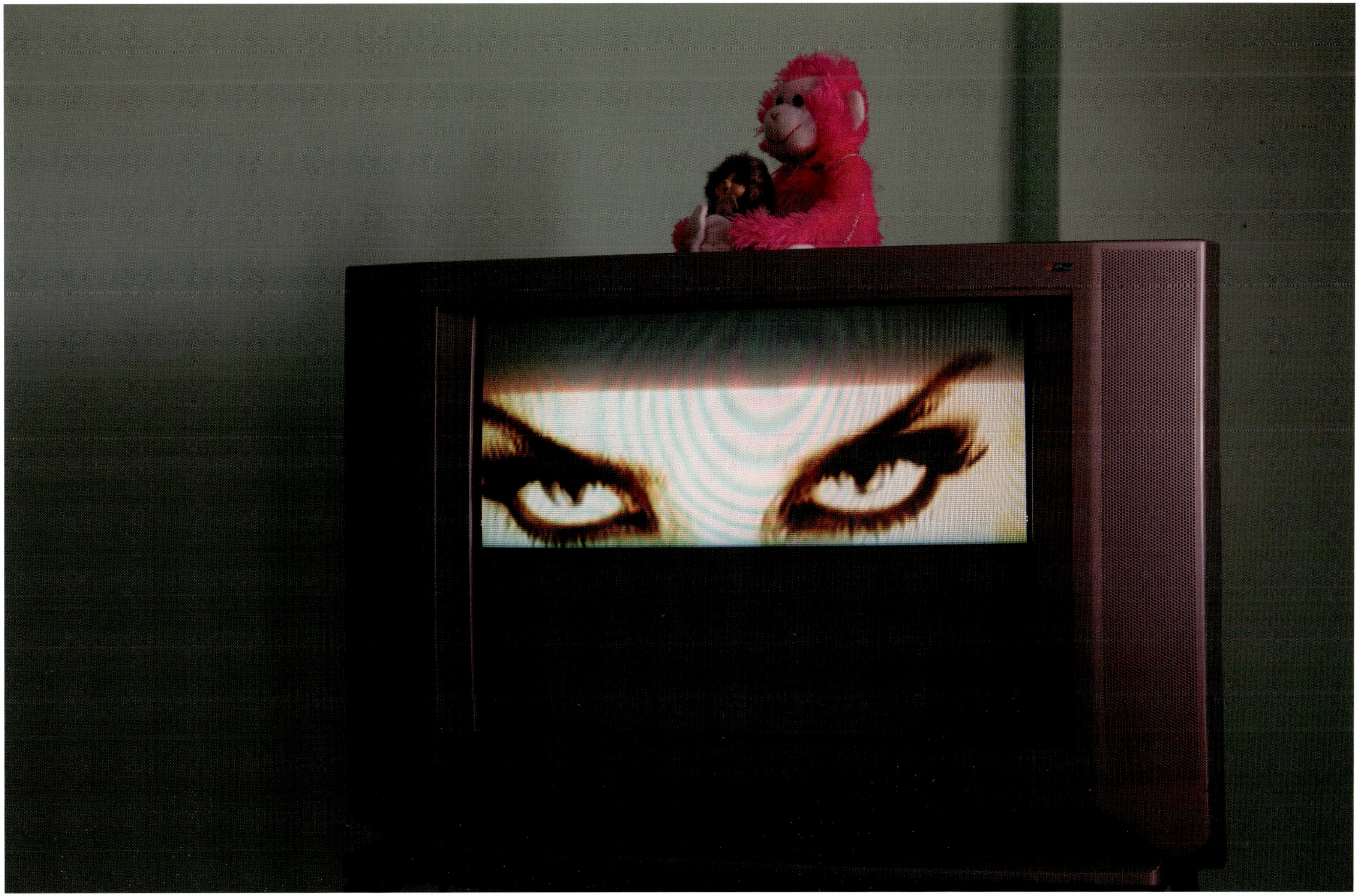

INTERVIEWS

ALASKA

p. 75

My name is Alaska. I live in the province of Santiago de Cuba, where I work as a hairdresser and a performer. I do hair extensions and other popular salon treatments. Alaska is my transvestite name. I've been in show business for sixteen years, since 1995, and performed in Holguin, in Granma, in Matanzas, in several other provinces, and everything has been good.

My friend Malu calls me an icon of the trans world in Santiago de Cuba because years ago no one like me would dare to dress as a woman. Here in the provinces, there was much more of a stigma and discrimination. These days, a trans person can leave the house with more freedom and do more things. Before, you had to go around hiding, the police would fine you; there was no name for what they would do to you. That doesn't happen anymore. People have evolved.

My own family life has been easy. I've had a partner for the past nine years, but I live here with my mother, and she is divine. I have a brother in Havana; we are both gay, and my mother has never had an issue with it, never at all. I studied until the twelfth grade, then I joined the military. I was the one who decided to sign up, but when my time was done, I told myself, "No, that's it, enough."

Mi nombre es Alaska, vivo en Santiago de Cuba. Trabajo como peluquera de implantes y otros tratamientos y también soy artista. Alaska es mi nombre de travesti. Llevo diecisiete años haciendo shows, desde el año noventa y cinco, y me he presentado en Holguín, en Granma, en Matanzas, en unas cuantas provincias y todo me ha ido muy bien.

Mi amiga Malu me llama un ícono del mundo trans en Santiago de Cuba porque años atrás nadie se atrevía a salir vestida de mujer como yo. Aquí en las provincias había mucho más estigma y discriminación. Hoy en día ya uno puede ser más libre y hacer más cosas. Antes tenías que estarte escondiendo, te ponían multas, eso no tenía nombre. Ahora ya eso no pasa, la gente está más desarrollada.

Mi vida ha sido fácil en el ámbito familiar. Llevo nueve años y medio con mi pareja pero vivo con mi madre, mi mamá es divina. Tengo un hermano en La Habana, los dos somos gay y mi mamá nunca tuvo problema alguno, ni cuando empecé. Estudié hasta el doce grado y luego pasé al servicio, pero ya después de que terminé ahí dije, "No, ya no más."

ALSOLA

p. 115

I am Jorge Alsola Cespes. My trans name is Erica, but people know me by my last name, Alsola. I am twenty-three years old, from Santiago de Cuba, and at this moment I am not doing anything. I am working at a hair salon, but this is not the life I planned. I studied one year of psychology and one year of medicine in college. I wanted to continue my studies, but it wasn't possible because here, in Santiago, school policies don't allow trans women to look like women. You have to look like a man until you get your degree; then, when you are done, you can be who you are. That bothered me.

My life is nothing special. I would like to leave for Havana. Santiago is a small place. You go out and it is the same thing, it's monotonous: the same faces, the same places. I don't see anything new. I work in the hair salon during the day, go to the disco at night. My mother lives nearby with my two sisters. I live with my father and his wife, and my little brother. My boyfriend is a great guy; he is nineteen years old and has a job in the meat business.

Recently there seems to be greater acceptance of homosexuality thanks to Mariela Castro Espín, the president's daughter. In the past, homosexuals were nothing and trans were even less. I think if we all focus on change, some of us will be able to be professionals. Perhaps in ten years, other trans people will be able to finish a university education without any problems.

The government used to consist of communists and moralists. There has been a change, an opening, greater freedom of speech. But, in many ways, there's still no respect for transsexuals. You go to hospitals because you want to perfect yourself, so you take hormones. Professionals see you, but they don't give you enough information about what could be harmful. They don't take your situation seriously. All they see is a man who wants tits.

Soy Jorge Alsola Cespes, tengo veintitres años, soy de Santiago de Cuba. Mi nombre de trans es Erica, aunque me conocen por mi apellido que es Alsola. En estos momentos no estoy haciendo nada, estoy trabando en una peluquería. Esta no es la vida que yo tenía en mente. Estudié un año de psicología y un año de medicina, quería continuar mis estudios pero no fue posible. Aquí en Santiago las trans no podían estudiar porque el reglamento de las escuelas no permite que se vean mujer. Te tienes que ver varón hasta terminar la carrera y luego puedes ser quien quieras ser, eso me fue bloqueando hasta que decidí perder a licencia y no me incorporé más.

Mi vida no es nada especial. Quisiera irme de aquí para La Habana, para otra provincia. No me gusta Santiago, sales y siempre es lo mismo, es una monotonía: las mimas caras, los mismos lugares, no cambia nada. No veo nada nuevo. Trabajo en la peluquería de día y salgo a la discoteca por la noche. Mi mamá vive cerca de aquí con mis dos hermanas. Yo vivo con mi papá, su esposa y mi hermano. Mi novio es un buen muchacho, tiene diecinueve años y trabaja en un negocio de carnes.

Recientemente pareciera haber más aceptación hacia los homosexuales gracias a Mariela Castro Espín, la hija del presidente. Años atrás los homosexuales no eran nada y las trans eran menos. Yo pienso que si nos enfocamos en el cambio y nos proponemos ser alguien, en un futuro las trans puedan ser profesionales. A lo mejor en diez años otras trans puedan graduarse de la universidad sin ningún problema.

El gobierno solía consistir de comunistas y moralistas. Ha habido un cambio, una apertura, hay más libertad de expresión. Todo va muy lento, todavía no hay respeto hacia las trans. Por ejemplo, vas a un hospital porque te quieres perfeccionar, porque quieres hormonarte, y los médicos no lo toman como algo serio. Como profesionales te atienden pero no te dicen qué cosas son dañinas para la salud. No le dan seriedad al asunto, lo ven como el pájaro que quiere tener tetas.

AMANDA

pp. 16, 31, 32, 35, 47, 59, 73, 91, 97, 98, 99

In the countryside, where I grew up, people were pretty close-minded, so I had a troubled childhood. Many of those around me, especially my classmates, made life difficult. My brother and I fought, but we also played together. He loved me and never rejected me. From the time I was four, my mother understood that I was different and she accepted it. But I did fight with my father. He used to drink and was always fucking around. He was the only one resistant to my femininity. Because of these fights, when I was fifteen, I moved in with my grandparents.

I have always identified as a homosexual. It wasn't until I was older that I identified as transsexual and, at 24, started living as Amanda. I was a top student and graduated from university with a degree in agronomy. On completion of my military service, I landed a responsible job. Then, after I transitioned, I became a prostitute. I am thirty-six now, and HIV positive. Life is expensive. Sometimes I get money from my family. I prostitute myself to survive. When I'm out of money, I will sell my shirt in order to buy food.

Most of my family is in Miami now, and I want to be with them. I've made two attempts to leave Cuba, but so far I have not been lucky. In June 2007, I left with a group of eighteen people in a rudimentary boat. You cannot just leave the country; this is illegal, so we had to hide from the police. We traveled on the outskirts of the city in the early morning hours.

We struggled a lot because it was raining that night and we had to transport a really heavy boat in a cart. We had to walk three kilometers to reach the coast, then we struggled for hours trying to put the boat in the water. The waves kept breaking over the boat, pulling it back to shore. We traveled all day, all night. Then, in the morning hours, when we were two miles away from reaching the Miami keys, the American Coast Guard intercepted us. They put all of us on an American ship.

Every day, the Coast Guard intercepted boats that had illegally left Cuba, so there were around three hundred people on this ship. On the American boats, we almost starved and we were always thirsty. They sent us all from one ship to another; two days in one, two days in the other. On one ship there was a woman who interviewed people individually. Because I was a transvestite, and because of all the things I said, they decided to send me to Guantánamo.

They had explained to me that I would be in Guantánamo for about two years before they could send me to another country. I was alone and I couldn't communicate with people because they all spoke English. I became very homesick, so after about two weeks, I asked them to send me back to Havana.

I looked for an alternate way to get to Miami and thought that maybe if I went to Russia I could figure out a way to go to the United States, so I went to Moscow and I was there for a month. Despite the risks, in order to live I turned to the streets to prostitute myself. There is a lot of violence in Russia; the police persecute transvestites to get money from them, and even the clients are aggressive. Transvestites are always having fights with clients. They can hurt you physically; they could even kill you. There appeared to be no way I would make it to the United States from Russia, and it was not safe to stay in Russia and try to build a life. So, I decided to return to Cuba. Yet, there are still possibilities. All I have to do is wait, wait, wait, and wait.

Mariette Pathy Allen: Amanda has had many boyfriends. The person she is pictured with in this book is Henry. When Amanda left for Moscow, they ended their relationship. Her greatest love has been Leandro, whom she met when he was fifteen. Amanda was almost jailed for being involved with a minor, but luckily they had not yet been intimate. When Leandro turned sixteen, he became of legal age. Later, he left Amanda to be with a female prostitute. Recently Amanda and Leandro reunited.

Malu: Amanda finally had her breast implant surgery, but we are no longer living together. We didn't have a fight or anything, we still get along, but she wanted Leandro to move in with us. My roommate, Rafael, didn't want that because Leandro means trouble. We don't like his character, and he is very rude to Amanda. She found a rental and she is fine, with her new breasts.

AMANDA

pp. 16, 31, 32, 35, 47, 59, 73, 91, 97, 98, 99

En el campo, donde yo crecí, la gente era muy cerrada, tuve una niñez con un poco de problemas. Las personas, especialmente los compañeritos de escuela, me hicieron la vida difícil. Mi hermano y yo nos fajábamos de chiquitos como todo el mundo pero también jugábamos juntos. Nos queríamos, él nunca mostró rechazo. Desde que tenía cuatro años mi mamá sabía que yo era diferente y me aceptó. Peleaba con mi papá, él tomaba y siempre era una jodedera, era el único que resistía mi feminidad. Como no me sentía cómoda, a los quince años me mudé con mis abuelos.

Siempre he sido una persona homosexual, fue a los veinticuatro que me empecé a identificar como transexual y empecé a vivir como Amanda. Estudié agronomía en la universidad, era buena estudiante. Luego hice el servicio militar y tuve un trabajo. Después de mi transición me convertí en prostituta. Tengo treinta y seis años y sufro de VIH. La vida es cara, para ganar dinero a veces me ayuda mi familia y cuando más grave estoy me prostituyo. A veces no tengo dinero y vendo una blusa o no como.

Casi toda mi familia vive en Miami, yo quiero ir a vivir con ellos. He intentado salir de Cuba dos veces pero no he tenido suerte. En junio del año 2007 salí con un grupo de aproximadamente dieciocho personas en una embarcación rústica. Nos reunimos en las afueras de la ciudad, a horas de la madrugada, porque estas cosas son ilegales. Hay que esconderse de la policía.

Pasamos mucho trabajo porque había sido una noche lluviosa y el transporte era una carreta jalando un bote que pesaba muchísimo. Tuvimos que caminar tres kilómetros para llegar a la costa. Nos costó un poco de trabajo poder colocar el bote en el agua, había mucho oleaje y el agua trasladaba el bote a la orilla y teníamos miedo de que se fuera a romper. Afortunadamente no se rompió y nos montamos, tuvimos una travesía de todo el día y toda la noche. En horas de la mañana, cuando casi nos faltaban dos millas para llegar a los cayos de Miami, nos interceptaron los guarda costas y nos trasladaron hacia el barco madre de los motoristas americanos.

Había aproximadamente unas trescientas personas porque todos los días interceptaban botes con salida ilegal de Cuba. Nos trasladaban de barco en barco, dos días en un barco, dos días en el otro. En uno de los barcos había una compañera que hacía entrevistas persona por persona. En mi caso, por ser travesti y por todas las cosas que comenté, decidieron mandarme para la base en Guantánamo. Me explicaron que podía estar alrededor de dos años hasta poder trasladarme a otro país. Cuando llevaba aproximadamente dos semanas, como estaba sola, las personas hablaban puro inglés y no me podía comunicar bien con ellas, me puse muy sentimental y preferí que me regresaran a mi casa. Pensaba mucho en mi mamá, que estuviera triste.

Buscando una alternativa para poder irme a Miami pensé que yendo a Rusia podría cruzar para los Estados Unidos. Fui para Moscú, estuve un mes. Me enfrenté a salir a la calle a prostituirme, en Rusia la situación también es dificilísima porque hay mucha violencia. La policía persigue a los travestis en busca de dinero, los mismos clientes son muy agresivos. Uno tiene que estar fajándose, teniendo peleas con los clientes. Te pueden sacar una pistola, te agreden físicamente, te pueden hasta matar. Yo preferí virar a Cuba porque no tenía la posibilidad de cruzar a los Estados Unidos y hacer vida en Rusia no era lo mejor para mí, yo prefiero conservar mi vida a que me maten. Todavía hay posibilidades, lo que hay que hacer es esperar, esperar, esperar, esperar.

Mariette Pathy Allen*: Amanda ha tenido muchos novios. La pareja con la que aparece en este libro es Henry. Cuándo Amanda se fue para Moscú decidieron terminar su relación. Su gran amor ha sido Leandro, lo conoció cuando él tenía quince años. Amanda estuvo casi presa por estar con un menor de edad, por suerte no habían tenido relaciones intimas. Cuando Leandro cumplió dieciséis años llegó a la mayoría de edad. Un tiempo después dejó a Amanda para estar con una prostituta mujer. Recientemente Leandro y Amanda volvieron."*

Malu*: Amanda ya se operó finalmente pero no está viviendo conmigo. No tenemos ningún problema, seguimos llevándonos bien, pero ella quería que Leandro se mudara a la casa y Rafael, mi compañero de cuarto, no quiso ya que Leandro es tremendo. A nosotros no nos gusta su carácter porque es muy descarado con Amanda. Ella se buscó un alquiler y esta bien con sus nuevos senos.*

ERIKA

pp. 33, 57, 65

Transsexual people have things better now. We have places to go. Now you can walk around and people see it as normal. It used to be that if a member of the police saw you dressed up as a woman, they would immediately take you to the unit. Now the police look right at you and say nothing.

I work at the hospital, here in Cienfuegos. I am thirty-two years old and my partner is twenty-eight. My family has never discriminated against me because they know I have always been this way. From the time I was a young boy, I was intrigued when my aunt put on makeup and wore high heels; these things always caught my attention. At first, I hid when I dressed up, but once I convinced my mom that I was transsexual, I didn't have to hide. Now it is fine with all of my family members. They accept me as I am.

Erikas's mother: We accept him because this is the path that he chose. This feels normal for him.

Erikas's father: The way he looks on the outside doesn't define who he is on the inside.

Las cosas son más fáciles para los transexuales hoy en día. Ya tenemos centros adonde ir. Ahora uno camina por la calle y la gente lo ve como una cosa normal. Solía ser que la policía siempre estaba atrás de uno, si te veían vestida de mujer te llevaban para la unidad. Ahora la policía te ve vestido como eres, pasa al lado tuyo y no te dice nada.

Trabajo en el hospital aquí en Cienfuegos. Tengo veintidós años y mi pareja tiene veintiocho. Mi familia me acepta como soy, nunca me discriminaron porque sabían que desde niño era así. Siempre me llamó la atención ver a mi tía cuando se maquillaba, cuando se ponía tacones. Me vestía escondido hasta que convencí a mi mamá de mi orientación sexual, ya después me vestía de mujer. Ahora todo va bien con toda la familia, me aceptan como soy.

La madre de Erika*: Nosotros lo aceptamos tal y como es porque ese es el camino que él escogió. Es normal en él.*

El padre de Erika*: Su exterior no define quien es por dentro.*

MALU

pp. 16, 23, 37, 45, 48, 49, 85, 92, 93, 111, 113

I was born on December 27, 1986, when my mother was 13 years old; she was only a child. My dad was also very young, so my father's parents raised me. My father was a merchant marine and he spoiled us with the best toys, but they were all toys for boys. I always preferred dolls. My favorites were Barbies and I liked to dress them up.

From the time I was five, I could feel that I was different from everybody else. I was attracted to boys. In the fifth grade, I had my first sexual relationship. It was with a neighbor. He must have been eighteen years old. He was a young man, and I was his girl. I liked what we did and I went looking for him every day, even though I knew it was wrong according to my parents, whose rules I tried to follow. I was raised in a very religious household. My parents were Jehovah's Witnesses.

My father was very strict about anything that had to do with my education. I always had to get to school on time, my grades had to be outstanding. These were the best things he ever taught me, but besides that, he taught me nothing.

My parents knew that I was homosexual, but when a cousin of mine confirmed it, my father wanted to kill me. He threw me out of the house when I was thirteen.

I moved to Cienfuegos and lived with Charito, a transgender woman. She sent me to school. At school, I met two gay kids who dressed as women. They encouraged me to do the same. We watched soap operas together. On one of the shows, there was a character named Malu. The kids at school baptized me with that name. I have been Malu for over half of my life. Charito provided for me, she even celebrated my fifteenth birthday, giving me dresses and everything feminine. She took care of me as if I were her own daughter.

Charito was a thief and I was her bait. While I slept with clients, she stole their keys so she could go to their homes and take everything. One day, I heard sirens screaming towards our house. I jumped into a pit in the garden to hide. The police didn't find me. I left Cienfuegos a couple of days later with a friend who invited me to accompany him to Havana.

In Havana, I started prostituting myself. I was fifteen. In those days, there wasn't much awareness about the use of condoms, but I have always used protection. That first night I went out, I made five hundred dollars. Foreigners used to pay a lot of money back then, and being so young and feminine helped me to attract a lot of men.

In 2006, five years later, I was picked up by a policeman, and I was sent to prison for two years because of prostitution. Actually, the charge was "dangerous behavior," not prostitution, because in Cuba there is no law against prostitution, but there is for dangerous behavior. I was sent to Cienfuegos, to a maximum security prison. It was the worst thing to happen in my life. The first thing they did was shave my head. Jail was terrible. But, even surrounded by all these men, I wasn't afraid. I can fight.

My first job was to clean the pavilion's floors. The pavilion was where all of the inmates had sexual relations, and that's where I got to know the woman in charge of the medical post. She was the prison director's wife. Then I started getting to know the prison director, and then he said, "Well, you are going to be my secretary," and so I became the prison director's secretary.

I was in charge of the prisoners' meals, of the grocery shopping. It's unbelievable, but in prison they gave the dogs better food than the inmates. I would plan the dogs' menu and the inmates' menu, but when the time came to cook the food, I swapped plates, so the inmates got the good food.

Then I got to be in charge of the prison's warehouse. Because of that job, I had my own room on the outside. I no longer lived in the prison. It would have been easy to run away, but I served my two years. After my sentence ended, I worked in the prison for three months. I had a very big salary because I was in charge of the construction brigade, but I quit because it was like still being incarcerated.

While I was in prison, I fell in love with another prisoner and we "married." He's been one of the men I've liked the most, but he had a wife and two kids, and he told me that after I was set free I could never visit him.

I had always wanted to be a teacher. When I lived with Charito in Cienfuegos, I started precollege courses in economics and I had the highest grades in the school. But I wasn't allowed to study education because of my homosexual appearance. I attended the polytechnic on a scholarship and finished when I was fifteen. When you are on scholarship, the school assigns you to a profession, which is why I have a technical degree in computer science.

In Cienfuegos, I met a psychologist who trained me to be a Cenesex promoter and I joined as a volunteer. At that time, there was no trans project, only a gay project. There was not yet an understanding of transgender, so everyone who felt different identified as homosexual. When I moved to Havana, I continued as a Cenesex promoter and, after a while, became the project coordinator.

The effects of change in Cuba are unpredictable. The revolution in 1959 was supposed to be for everybody, but not everyone benefited from it; homosexuals were excluded. Those were times in which they would wipe your face with a tissue, and if there was a drop of powder, you would go to jail. The government created these work camps called UMAP (Military Units to Aid Production). These were special camps for those who deviated from what the government considered proper moral lifestyles.

I have many friends who were sent to UMAP. As the revolution progressed, it brought education and healthcare. But for homosexuals, once we reached an age where our sexual orientation was known, life became very hard. Most homosexuals barely finish the ninth grade.

Our president, our commander Fidel, in an essay for the newspaper, wrote that he feels regret for the persecution of homosexuals that took place while he was in power and he wants to make up for it. Now, Raúl Castro says that since we live in a country with a single political party, we should all be included in that party.

I believe there are two events in the LGBT community that marked a shift in the country:

First, the screening of the movie *Fresas y Chocolate* (*Strawberries and Chocolate*) in 1994, which is a gay-themed movie, produced in part by the government-run Cinema de Cuba. It was the first time they played something like that in Cuban cinemas. It was the first time homosexuality was portrayed on television. That's when we started to see a little tolerance in the country.

In 2006, Cenesex offered psychological therapy or study groups that were only for transsexuals. I suggested that we should include everyone, performers and partners and every identity. If a trans person was in a relationship, or had a family, and you wanted to talk about HIV prevention, you needed to talk to more than that trans person alone. That's how the groups started growing. In 2008, Amanda and Leandro joined the first discussion group for partners. Before 2008, nobody had heard much about Cenesex. Cenesex is still focused mainly on trans women but is open to anybody who needs it.

The second important event took place in 2008, when Mariela Castro Espín and Cenesex organized the first Week Against Homophobia, which began with a parade down Havana's historic 23rd Avenue. The march brought visibility to homosexuals in the population. It gave a lot of people the courage to come out of the closet. Policemen in Havana are mainly from eastern areas, like Santiago de Cuba; these people are very patriarchal, they have a macho culture, they are homophobes. After this event, the government started working on police sensitization toward gay people.

Other institutions joined us in the fight against homophobia: The Ministry of Education, the Ministry of Culture, and, this year, the Ministry of Sports. Cenesex is working with the medical sciences, the universities, and with the Ministry of Health, which in 2008 approved the resolution allowing transsexuals to have sexual reassignment surgery.

Just this year, Adela Hernandez became the first transsexual Cuban deputy chosen by the people. It's the first time a trans person has been elected to office, and it makes way for others to occupy political positions. Your sexual identity shouldn't be an impediment to the love of your country.

My life is very full. Three years ago, on the steps of the Capitolio, I met Willy. From the moment I saw him, I knew he was my better half. Willy means the world to me. We have nothing in common, but we have great chemistry. Willy's father died when Willy was two, his mother is a lesbian, and he has a transvestite brother whom he doesn't get along with. His mother has never cared one bit for either son.

Every day, Willy proves to me that he loves me and that I am the most important thing in his life. He is the one who has cared for me the most, out of all my partners. Willy is very sweet and has good intentions, but he is seventeen and very uneducated; sometimes I've had to act as his mother and guide him toward better behavior. Now, Willy is in a jail for youths because he was in a fight that went wrong.

I've always had these leadership and management genes. In ten years I see myself in New York or California—somewhere in the United States. I will own a big business and it will be very profitable.

All of us human beings who have achieved life, managed to live it, who know light and colors, should be grateful. Sometimes I think of how many sperm cells were present when my mom and dad had that relationship, and that I was the winner, the first to reach the egg. I was the most courageous, the strongest, and I thank God every day for my existence.

MALU

pp. 16, 23, 37, 45, 48, 49, 85, 92, 93, 111, 113

Nací el 27 de diciembre de 1986, en la provincia de Cienfuegos. Mi mamá me tuvo a los trece años de edad, siendo sólo una niña y mi papá también era muy joven, quienes me crían son mis abuelos paternos. Mi papá era marino mercante y nos complacía con los mejores juguetes del momento, juguetes preciosos pero de varones. Yo siempre preferí jugar con muñecas, mis favoritas eran las Barbies, yo las vestía, les cambiaba la ropa.

Alrededor de los cinco anos comienzo a darme cuenta de que mi vida era diferente a la de los demás, sentía atracción por otros muchachos del mismo sexo. En el quinto grado tengo mi primera relación sexual con un vecino, él tendría dieciocho o diecinueve años. Yo era una niña pero él era un joven. A mí me gustaba, se que me gustaba porque iba todos los días a buscarlo, pero también sabía que lo que estaba haciendo no era correcto delante de mis padres. Además vengo de un seno familiar religioso, mis padres eran Testigos de Jehová, entonces me crié en un ámbito religioso, cumpliendo estrictamente las normas de ellos.

Mi papá siempre fue muy recto en todo lo que tenía que ver con mi educación, tenía que llegar puntual, las notas tenían que ser sobresalientes. Fue lo mejor que me enseñó, porque fuera de ahí más nada.

A los trece años me voy de la casa porque un primo le dice a mis padres que yo era homosexual, ellos lo sabían de hace mucho tiempo, pero en ese momento confirman sus sospechas sobre mi orientación sexual. Mi papá quería matarme y me botó de la casa.

Cuando me voy de mi casa voy a casa de una amiga transexual mía que se llama Charito. Charito me siguió mandando a la escuela. En la secundaria conozco a un grupo de dos muchachitos gay que ya se vestían de mujer, ellos me incitan a que me vista de mujer también. En ese momento por la televisión estaban pasando varias novelas, en una novela brasileña había un personaje que se llamaba Malu y los muchachos de la escuela me bautizaron con ese nombre. Desde ese entonces tengo el nombre Malu, a mi me gustó desde siempre, en estos momentos llevo más de la mitad de mi vida con ese nombre. Charito me mantenía, me celebró hasta los quince años, con trajes y todo. Ella me mantenía como si yo fuera su hija.

Yo era una carnada para Charito, para ella poder robar. Yo me acostaba con los clientes y ella les quitaba la llave e iba a sus casas y les robaba todo. Un día estoy en el patio de la casa y siento a muchas patrullas, al sentir eso me lanzo por la fosa del patio. Se la llevaron presa, a mí no me encontraron. Después un amigo me invita a ir a La Habana. En La Habana salgo a prostituirme a partir de esa primera noche, yo era una niña, tenía quince años. Yo siempre me he protegido, aunque en aquél momento no había mucha lucha para promover el condón. La primera noche que yo salí hice quinientos dólares. Los extranjeros en esa época pagaban mucho dinero, además yo era una niña y atraía a muchos hombres.

En el 2006, cinco años después, me recoge un policía y me sancionan a dos años de encarcelamiento por prostitución. En realidad me sancionan por "peligrosidad," no por prostitución, la prostitución aquí no es un delito. Me mandan a Cienfuegos a una prisión de máxima seguridad. Apenas llegas te pelan el casco, para mí fue muy difícil el hecho de convivir con todos esos hombres pero yo me fajo y no tengo miedo. Yo nunca había estado presa, eso fue terrible.

En prisión primero me sacan a limpiar el piso de los pabellones, los pabellones era dónde tenían relaciones sexuales los presos, ahí empiezo a hacer una relación con la jefa del puesto médico, que era la mujer del director de la prisión. Entonces empecé a relacionarme con el director de la prisión y un día me dice, "bueno, vas a empezar a ser mi secretaria," y así comienzo a ser la secretaria del director de la prisión.

Yo estaba encargada de la comida para los presos. Es increíble pero la prisión le da mejor comida a los perros que a los presos. Yo hacía el menú de los perros y el menú de los presos pero a la hora de hacer la comida los intercambiaba, le daba a los presos la comida de los perros y a los perros la comida de los presos. Tiempo después me ponen a cargo del almacén. Gracias a esto ya no vivía dentro de la prisión, tenía un cuarto fuera, abierto sin cerca ni nada, podía irme si quería pero allí estuve los dos años. Después de salir estuve tres meses trabajando en la prisión, tenía un salario elevadísimo, llevaba el control de las brigadas de construcción. Lo dejé porque era como estar presa, tenía que estar todo el tiempo ahí.

Me "casé" con un muchacho del que me enamoré mucho, una de las personas que más me ha gustado, pero él era casado con una mujer y tenía dos niños. Siempre me dijo que cuando yo saliera la relación se terminaría, porque él nunca permitiría que yo lo viera en la prisión.

Yo siempre quise ser maestro, pero no pude por mi apariencia homosexual. Cuando vivía con Charito comencé estudios preuniversitarios en economía, tenía las notas más altas. Luego a los quince años pasé al politécnico a estudiar diseño computarizado. Aquí en Cuba te escogen la carrera según el expediente y eso es lo que me tocaba por las notas.

En Cienfuegos pasaba todos los días por un centro de orientación para jóvenes, un día una psicóloga me capta para formarme como promotora y comienzo a trabajar allí, en Cenesex, voluntariamente. En ese momento no existía el proyecto trans, solamente el proyecto gay. Todavía no se entendía lo que era un transgénero y todo el que se sentía diferente se identificaba como homosexual. Cuando me mudo a La Habana sigo como promotora en el centro y luego me hice coordinadora.

En Cuba son muy impredecibles los cambios. Han empezado a haber cambios a partir del triunfo de la revolución del año cincuenta y nueve, pero todo el mundo no se benefició con esos cambios, los homosexuales quedaron excluidos. En aquel momento toda aquella persona a la que le pasaran un papel por la cara y tuviera una gota de polvo iba preso. Se crearon unos campos de concentración llamados UMAP (Unidad Militar de Ayuda a la Producción). Eran campos especializados para aquellos desviados de la vida moral correcta. Yo tengo muchas amistades que estuvieron en la UMAP. Después continuó todo el proceso revolucionario, nunca nos negaron la educación ni la salud, hasta que fuimos teniendo una edad en la que las personas iban observando que teníamos una orientación sexual diferente. Casi todos los homosexuales no llegan al noveno grado. El mismo presidente, nuestro comandante Fidel, en un escrito que hizo en el periódico, dijo que se sentía arrepentido por todo lo que había sucedido en años anteriores y que quería enmendar esos problemas. Luego, Raúl manifestó en un discurso que vivimos en un país que tiene solamente un partido, y que si existe sólo un partido debemos estar todos incluidos en ese partido.

Yo creo que para nosotros en la comunidad LGTB hay dos momentos que marcan el cambio en el país:

Uno, la proyección de la película Fresas y Chocolate *en el noventa y cuatro, una película de temática gay. Es la primera vez que se pone en los cines de Cuba, ahí es que comienzan a verse los cambios, por primera vez se visualiza en televisión la temática gay.*

En el 2006, el Cenesex ofrece terapia psicológica para grupos que consisten únicamente de transexuales, yo sugerí que se incluyeran otras identidades. El problema era que las cosas hay que trabajarlas conjuntamente, no se puede trabajar la prevención solamente con la persona trans si alrededor está su pareja y la familia, hay que incluir a todo el mundo en el grupo. Así empezó a crecer el grupo. En el 2008 entra Amanda al primer curso de parejas, con Leandro. Nadie sabía mucho sobre el Cenesex, el Cenesex sigue enfocado en las mujeres trans, pero está abierto a cualquiera que lo necesite.

El segundo momento es en el 2008, cuando comienza la primera jornada cubana contra la homofobia, cuando marchamos por primera vez por toda la Avenida 23. Ese momento le dio mucha apertura a la visibilidad de la homosexualidad en Cuba.

Le dio mucho valor a muchas de las personas que estaban dentro del closet para poder salir. Es ahí que se comienzan los trabajos de sensibilización de la policía. La mayoría de la policía de La Habana es de zonas orientales, personas con una idiosincrasia muy patriarcal, machista, homofóbica.

Después se fueron uniendo otras instituciones, sumándose a la lucha contra la homofobia: el ministerio de educación, el ministerio de cultura, el ministerio de deporte. El Cenesex está trabajando en las universidades de ciencias médicas y con el ministerio de salud, que en el 2008 aprobó la primera resolución para poder reasignar a personas transexuales.

Este año Adela Hernández se convirtió en la primera transgénero en Cuba que ocupa un cargo político en el gobierno elegida por el pueblo. Le ha abierto el paso a otras a ocupar posiciones políticas. Tu identidad sexual no debería ser un impedimento para amar a tu país.

Mi vida ha sido muy llena. Hace tres años conocí a Willy frente al Capitolio. Desde que lo vi supe que sería mi media naranja. Willy significa el mundo para mí. No tenemos nada en común pero tenemos muy buena química. Su padre murió cuando él tenía dos años de nacido, su madre es lesbiana y tiene un hermano travesti con el que no se lleva bien. Su madre nunca les dio cariño.

Todos los días Willy me demuestra que me ama infinitamente y que yo soy lo más importante en su vida. Es la persona que más me ha querido de todas mis parejas. Es muy cariñoso y de buenos sentimientos pero de muy mala educación. He tenido que actuar como su mamá y tratar de guiarlo por el buen camino. En estos momentos está preso debido a una bronca que tuvo.

Toda la vida he tenido estos genes de mandar y dirigir. En diez años me veo en Nueva York, o California, por allá por los Estados Unidos. Tendré una gran empresa que me produzca muchos dólares para mis gastos.

Todos los seres humanos que alcanzamos la vida, que logramos vivirla, que conocemos la luz, los colores, deberíamos estar agradecidos con la naturaleza por haber existido. A veces me imagino cuantos espermatozoides hubo al momento de esa relación entre mi mamá y mi papá y fui yo la vencedora en llegar al óvulo. Yo fui la más valiente, la más fuerte, y le doy gracias a Dios todos los días por haber existido.

NATALIE

pp. 53, 74

My name is Natalie. I'm twenty-two years old. From the time I was very young, I dressed as a woman. My parents were alcoholics. Because of their disease, they couldn't understand the way I was, my thinking, my way of dressing. I wanted to understand their disease and I wanted them to understand me. I wanted to even things out.

My grandmother thought it would be better that I move to Playa and live with her, so I did. She passed away a while ago. My mother joined a group called Alcoholics Anonymous. I've moved back with her. And now my father lives with us, too.

The life I have lived has been very rough. I contracted HIV when I was eighteen years old from my boyfriend. He didn't tell me anything. After I broke up with him, I discovered that I was sick. I don't know if he didn't tell me he was infected because he thought I would be scared of the disease and avoid him or if he did it to hurt me. When I found out, I felt empty inside. I cried a lot. I felt awful. Later I found out there was some hope. I take three pills in the morning and three in the afternoon. They give me a lot of nausea.

Last year I had a problem with a policeman who was disrespectful to me. After insulting me, he hit me and hit me until he didn't feel like it anymore. I got a proof of injury certificate. Then he accused me of attempted violence, and I went to a special prison in San Jose for people with HIV. Thanks to Cenesex, I got a lawyer. We had a trial and I was out of there in two months. Thank God, because in there it is like hell. They didn't do anything to the policeman; he was just sanctioned at work for two years.

When I was in prison, I leaned a lot on a man I met. We became a couple. He is twenty-six. He is sentenced to thirty years. He is very sick and in the hospital at the moment. He says he is dying. We are going to see if we can fight the sentence because of his illness.

I work as a prostitute on the streets. It's the only way I can work. Recently I looked for a job at a factory, but the director wouldn't hire me because of this way that I dress. It was a sewing factory, a sewing job. I want to move forward, but then all my hopes are gone because one person just decides...

Mi nombre es Natalie, tengo veintidós años. Desde mis principios me vestía de mujer. Mis papás eran alcohólicos y producto de esa enfermedad no me entendían, mi manera de pensar, mi manera de vestir. Me costó un poco de trabajo compartir con ellos, quería nivelar las cosas, entender la enfermedad de ellos y que ellos me entendieran a mí.

Mi abuela pensó que era mejor que me fuera a vivir con ella para su casa, en Playa. Mi abuela falleció hace unos años. Mi mamá entró a un grupo que se llama Alcohólicos Anónimos y he regresado a vivir con ella. Y mi padre vive con nosotras también.

La vida que he llevado ha sido un poco dura. Me enfermé de VIH cuando tenía dieciocho años por un novio, él no me dijo nada. No se si no me dijo por miedo a lo que fuese a pensar de la enfermedad, o si lo hizo para hacerme daño. Yo terminé la relación antes de enterarme. Cuando me enteré más nunca lo vi, me entro como un vacío por dentro. Me deprimí mucho, lloré mucho, me sentía mal. Después vi que existen algunas esperanzas de vida y sigo adelante. Estoy haciendo una terapia que son tres pastillas, tres por la mañana y tres por la tarde, pero me dan muchos mareos y ganas de vomitar.

El año pasado tuve un problema con un policía que me faltó el respeto. Me faltó el respeto, y él tenía un palo con el que me empezó a dar hasta que quiso. De hecho me saqué un certificado de prueba de los golpes. Me acusó de atentado y fui preso a una prisión en San José para personas que tienen VIH. Gracias al Cenesex me dieron un asesor jurídico que se encargó del caso y salí a los dos meses. Gracias a Dios porque eso allá dentro es como el infierno. Al policía no le hicieron nada, fue sancionado por dos años del trabajo.

Ese tiempo que estuve en la prisión me apoyé mucho de un muchacho que conocí, él tiene veintiséis años. Él tiene echado treinta años. Está muy grave, dice que se está muriendo. Vamos a ver si luchamos a ver si la sanción la cambian.

Yo trabajo como prostituta en la calle; es la única manera de poder trabajar. Hace poquito fui a ver si conseguía trabajo en una fábrica pero el director de la empresa no me aceptó por la manera de vestirme; era en un taller de costura. A veces uno piensa avanzar y dar un paso adelante y a uno se le quitan las ilusiones cuando una persona decide...

NOMI

pp. 16, 35, 60, 61, 63, 80, 107

Mariette Pathy Allen: Nomi's mother died when she was young and then her father left with another woman. He destroyed all the photographs of Orlando, once she transitioned to Nomi, and her brother threw her out of their house. Things are a little better now; she can visit her brother's family, and all the neighbors who knew her while she was growing up greet her with pleasure. She is in a relationship with Miquel, who is sixteen and very demanding. The last I heard of her, she was spending her days helping Miquel's grandparents, who are sick, and her nights on the streets.

During an interview with Amanda, Nomi explained:

Prostitution isn't comfortable for us. We learned to do this many years ago, when we were young and didn't know about Cenesex and didn't think about anything. Now we are sick and we've aged. Amanda and I have HIV. We are not sick enough to get the cocktail, but we're getting close. Our numbers are going down.

Even now, young people are getting sick. They get together and after just a couple of weeks, one says, "I love, you," then the other says, "I love you, too." Soon, one says, "I don't want to wear a condom anymore," and the other says, "I want you, I don't want to be alone." So, no condoms; then they get sick. It's happening a lot. The information is there, but young people don't pay too much attention to it. They just don't think.

Fixing ourselves up to look good isn't so easy. We can get clothes and makeup from people who buy things in shops, then sell them to us. You pay them later, when you can. There's makeup here but only for white people, not for people with my skin tone. Sometimes people come from abroad and have something to sell. A lot of people used to sell their own clothes, but now people like buying originals. It's expensive, but we can also go to the people who make clothes for the shows, the ones who do the art.

Mariette Pathy Allen: *La madre de Nomi murió cuando Nomi era joven y su padre la abandonó y se fue con otra mujer. Una vez que hizo la transición a Nomi, destruyó todas las fotos de Orlando y su hermano la botó de la casa. Su relación con su familia ha mejorado un poco, ya puede visitar a la familia del hermano y todos los vecinos de su niñez la saludan con cariño. Está en una relación con Miguel, un muchacho muy exigente de 16 años. Lo último que supe de ella fue que estaba ocupando sus días ayudando a los abuelos de Miguel, que están enfermos, y trabajando en la calle por las noches.*

Durante una entrevista con Amanda, Nomi me explicó lo siguiente:

La prostitución no es confortable para nosotras. Aprendimos a prostituirnos hace muchos años, cuando éramos jóvenes, no sabíamos del Cenesex y no pensábamos en nada. Ahora estamos envejecidas y enfermas. Amanda y yo tenemos VIH. No estamos lo suficientemente enfermas para que nos den el cóctel pero estamos cerca. Nuestros números siguen empeorando.

Todavía los jóvenes se siguen enfermando. Se juntan y después de un par de semana uno dice, "te amo," el otro dice, "también te amo," y ahí mismo uno dice, "no quiero usar más el condón" y el otro le responde, "te quiero, no quiero estar solo." No usan condón y se enferman, pasa mucho. La información existe pero los muchachos no le prestan atención, no piensan.

Arreglarnos no es fácil. Conseguimos ropas y maquillaje de otras personas que compran en tiendas y luego revenden. Les pagas cuando puedas. Se consigue maquillaje en las tiendas pero sólo para pieles claras, no tonos como el nuestro. A veces vienen personas de afuera con cosas para vender. Muchas personas vendían sus ropas pero ahora todo el mundo quiere comprar ropas originales. Es caro pero podemos conseguir que nos hagan la ropa para los espectáculos, casi siempre está hecha por los que trabajan en arte.

RICHARD AND TAMARA

pp. 52, 70

It has been about thirteen years since I started dressing as a girl. I'm eighteen now. In the beginning, I would wear my mother's clothes, stay up all night to hide from her. Then I would put the clothes away and go to bed. I did this during the weekends because I went to school during the week. Later I dropped out of school and started prostituting myself, going out all night.

Tamara, Richard's mother: I always knew that Richard was different. He always liked to play with girls and dress as a woman. When Richard was seven or eight, I took him to a psychologist. As a mother, I didn't want to accept it, but the psychologist told me that if he was meant to be gay, not even a Chinese medicine man could change that; it's in his genes.

Now, thanks to Mariela Castro Espín, people have begun to accept gay people and how they dress, but people are still very disrespectful. Richard's father is forty-seven and a male chauvinist; he doesn't accept Richard. I keep telling my husband that in five years all men will have had sexual relationships with other men, because it is a normal thing.

Richard has had HIV for the past two years. I am very worried. I go to the doctor with him; I run here, I run there. He can't eat anything because he is taking retroviral pills and they are horrible. He used to be really fat; now he's lost a lot of weight.

Lazaro was the boy who gave Richard HIV. Richard knew that Lazaro was sick, but he was so young, he didn't give it much thought. While they were together, I told my other son, we need to accept Lazaro, because this is Richard's partner. But then things turned ugly. I even had to call the police.

In spite of all this, I keep telling Richard that he can't go crazy because of HIV. He is still in his adolescence, many things can change. His health can improve, he can find a partner. He has a future.

Hace ya trece años que me empecé a vestir como mujer. Tengo dieciocho años. Al principio me ponía la ropa de mi mamá, me quedaba despierta hasta horas de la madrugada para esconderme de ella, luego me volvía a quitar la ropa y me acostaba. Era durante los fines de semana porque entre semana estudiaba. Después dejé la escuela y me empecé a prostituir, andar de noche.

Tamara, madre de Richard*: Yo siempre me dí cuenta desde que él era pequeño. Él jugaba con las hembritas y se vestía de mujer y todo eso. Cuando tenía siete u ocho años lo llevé al psicólogo. Una como madre no quiere aceptarlo porque una lo parió varón, pero la psicóloga me dijo que cuando vas a ser homosexual eso no lo cambia ni un médico chino, eso lo traes en los genes.*

Ahora, gracias a Mariela Castro Espín, los aceptan, los dejan que se vistan de mujeres, pero todavía hay faltas de respeto gravísimas. El papá de Richard, que tiene cuarenta y siete años, es un machista y no quiere saber nada de él. Yo le digo a mi marido que de aquí a cinco años todos los hombres van a haber tenido relaciones sexuales con otro hombre, eso va a ser una cosa normal.

Richard ha tenido VIH los últimos dos años. Él ha perdido una cantidad de peso. Yo me preocupo y vamos a ver a la doctora, y corre para aquí, y corre para allá. No puede comer nada porque todo le da asco por las pastillas retrovirales que le mandan, esas píldoras son malísimas. Ha perdido mucho peso, él estaba gordísimo. Lázaro fue el muchacho que lo enfermó. Richard sabía que Lázaro estaba enfermo porque él se lo dijo, pero era tan joven, sin experiencia, que no pensó. Yo le dije a mi otro hijo que había que aceptarlo porque esa es la pareja que Richard escogió, pero de momento todo cambió, él vino y le dio a Richard golpes y todo, tuve que llamar hasta a la policía.

Yo le digo que tiene que ir superando la situación, no se puede volver loca con el tema del VIH. Él es adolescente todavía, muchas cosas pueden cambiar. Su salud puede mejorar, puede encontrar una pareja, tiene un futuro por delante.

VANESSA

p. 108

My name is Vanessa Picasso. I am forty-seven years old. My change from boy to girl happened when I was twenty-one and I moved to Havana. I have been in show business for twenty years.

I studied pathology, but with the amount of repression there was against gay people at the time, I couldn't finish. I wanted to make my dream come true, to have a degree that would vouch for me in life, but at school, they made fun of me, threw rocks at me. That sort of thing made me give up my studies.

So I became a star. I work at the Club de Las Estrellas, a place that is a performance art world icon. I also perform at the Las Vegas Club and other places. I am in a six-year relationship with a forty-eight-year-old man who lives in Havana. He looks good, like me; we don't look our age.

Mi nombre es Vanessa Picasso, tengo cuarenta y siete años. Mi cambio de niño a hembra fue a los veintiún años, cuando me mudé a La Habana. Ya hace veinte años que tengo una carrera como estrella de espectáculo.

Estudié anatomía patológica pero, con la represión tan grande que existía en ese tiempo contra los gays, no la pude terminar. Yo quería realizar mi sueño, tener un título que me avalara en la vida, pero por la represión tuve que dejarlo porque eran muchas las cosas que me ocurrían en la escuela. Se burlaban de mí, me tiraban piedras, por esas cosas tuve que dejar los estudios.

Así que me convertí en artista, trabajo en el Club de las Estrellas, un lugar que ha sido el ícono mundial del espectáculo de estilo artístico. Me presento también en el Club Las Vegas y en otros lugares donde me contratan. Ahora en estos momentos estoy en una relación de seis años con un hombre de cuarenta y ocho que vive en La Habana. Él se ve muy bien, así como yo, no aparentamos nuestra edad.

WENDY

p. 101

I was born in 1944, at home, delivered by a midwife. Because I had boy and girl genitals, my parents decided I should be a boy. When I was six or seven years old, my parents took me to a doctor, who gave me male hormones. My family didn't have the education to understand my true situation. I took hormones until I was thirteen and I became more masculine, I grew as a man.

I went to school with men, did military service with men; I worked in the sugar cane and potato fields, as a man. All the while, I was attracted to the masculine sex. I saw myself as a women, with a woman's body with hips, breasts, all natural. I started having gay relationships, but they weren't truly gay because I wasn't truly a man. I've had some horrible failures with men, because I can't find a man who is not a drunk, but I was never a prostitute.

You see these breasts, these are my natural breasts, even after those early male hormones; I don't wear a bra. A painter friend of mine, after seeing my body, said, "Wendy, why don't you go to Cenesex?" Then Malu and Maira from Cenesex met me at a party, took one look and said, "She needs to go." I wanted to have surgery, but I was sixty-five: I thought I was too old.

Before I had the surgery, I went to see Alicia Martines. She's Cuba's most famous genetics specialist. The tests that were done show that I am genetically a woman even though I have a penis. My genes are mixed, but more those of a woman.

I did have surgery and there were complications. I was in a coma for three days. I couldn't wake up. On the third day, God and Jesus Christ helped me.

I feel very comfortable now, very good. Before, when I would call home, no one in my family would pick up the phone. Then my brother visited my house, and now my family welcomes me.

Yo nací en el año cuarenta y cuatro en una casa, no en un hospital, no me atiende un médico sino una comadrona. Como tenía genitales de niño y niña, mis padres decidieron que fuese un niño. Alrededor de los seis o siete años me doy cuenta de que mis padres me llevaban a unos médicos a hormonarme masculino. Mis padres no tenían la educación para entender mi situación. Tomé hormonas hasta los trece años y me empecé a masculinizar, me hice varón.

Estudié con hombres, hice el servicio militar con hombres. Empecé a trabajar, a batuquear papa, a batuquear caña, todo eso como hombre. Esto pasa y sigue gustándome el sexo masculino. Yo me veía femenina, me veía con cuerpo de mujer, con caderas y senos naturales. A pesar de ser hombre tuve relaciones gay, pero no fueron realmente relaciones gay porque resultó que yo no era realmente un hombre. He tenido un fracaso horrible con los hombres, porque no encuentro a uno que no sea borracho. Nunca llegué a prostituirme.

¿Ves estos senos? Son senos naturales, aún después de tomar hormonas masculinas, no tengo puesto ajustador. Una amiga mía, una pintora, me ve y me dice, "Wendy, ¿por qué tu no vas al Cenesex?" Luego Malu y Maira, del Cenesex, me vieron en una fiesta y dijeron, "Ella tiene que ir." Yo quería operarme porque me veía mujer, pero tenía mucha edad, tenía como sesenta y cinco años.

Antes de hacerme la cirugía fui a ver a Alicia Martines, la genetista más famosa de Cuba. Me hacen unos estudios y sale que soy genéticamente mujer pero tenía un pene. Mi genética era de mujer combinada con hombre, pero más de mujer que de hombre.

Durante la operación hubieron unas complicaciones, estuve tres días en coma, no despertaba, pero al tercer día Dios y Cristo me ayudaron.

Me he sentido muy reconfortada, muy bien. Mi familia, que antes no me atendía las llamadas, ya me recibe en su casa. Ya mi hermano hasta vino a mi casa.

YANET

p. 81

My name is Yanet Loreta Vida González.

I was considered a bad example to the neighborhood boys; no parent ever allowed me to play with their kids, especially when I started getting older. The last straw was the first time I went out in a pair of tights. I was a person who broke with all of the canons, all of the patterns that were part of the neighborhood. I was seen as irreverent, as transgressive.

Teachers never defended me. The headmaster of my first school was my worst enemy. He was a homophobe who wouldn't let me take tests and made my assignments disappear. I was bullied–all of us trans were bullied in school. My parents were concerned only with appearances. I was supposed to act like a proper man.

I wanted to develop myself as an artist, so I applied to San Alejandro Academy, the national art institute. Because of my prior grades, the only way they would accept me was if I enrolled in night school. Being in class with older, working people, who were sometimes less open-minded, made it even more difficult. But, I worked hard, got good grades, and never missed a class. I liked all of the courses–painting, carving, sculpture...everything. Then I went off on my own; I joined Casa de la Cultura (Cultural House), the community project for at-risk kids, as a teacher. Now, I work for myself.

The most important thing to happen in my life has been my sex reassignment; I waited a long, long time for it. As a child, I always imagined that a fairy would come down and find me sleeping with my legs open, the fairy would uncover me and I would wake up, whole. But it wasn't a fairy that made it happen, it was Cenesex.

Many people in Cuba have overcome their aggressive behaviors toward trans people; but there is still a long way to go. I live in Guanabaco, a municipality with African roots and a very strong macho culture; change here is slow. I, too, have African roots. My commercial artwork is what's called naive art. It's an innocent form of art. I do a lot on the theme of black women. I work with that theme because it's very commercial and I like it, because it is part of who I am. My grandmother was black, my great grandmother was black, my mom is mulatto.

Havana is another great theme for me. The culture is rich in elements: colonial, Spanish, African. The Havana theme has no horizon; there is always more.

I have been in group shows and have donated a lot of work to support municipal events, not only paintings, but drawings and carvings. I make artisanal carvings with my own resources, with a manual roller, made out of a bottle that imprints into a crystal. My work gets out there, and it is liked, a lot.

My personal artwork is closer to surrealism; it's a spiritual experience. It's about the things that move me, the improbable things that a human being imagines. We all have implausible dreams, things that make no sense, we all have fantasies.

YANET

p. 81

Mi nombre es Yanet Loreta Vida Gonzáles.

A mí me consideraban un mal ejemplo para los muchachitos del barrio, ningún padre nunca aceptó que yo jugara con sus hijos, sobretodo cuando fui creciendo. La primera vez que salí con un par de medias pantys a la calle fue como ponerle la tapa al pomo. Yo fui una persona que rompió con los cánones, los patrones de la sociedad. Fui vista como alguien irreverente, como transgresiva.

A mi los profesores nunca me defendieron. El director de la escuela me hizo atrocidades, era homofóbico, hubieron exámenes que no me hizo e incluso me desapareció trabajos. Yo fui víctima de la intimidación, todas las trans fuimos víctimas de la intimidación en la escuela. El concepto que tenían mis padres era que tú tenías que ser normal, tenías que vestirte como varón y no sobrepasarte.

Yo quería desarrollarme como artista, así que apliqué a la Academia San Alejandro, el instituto de arte nacional. Debido a mis notas, tuve que entrar por un curso de trabajadores, un curso nocturno. Yo trabajaba mucho, nunca falté a una clase y tenía muy buenas notas en la especialidad. Me gustaba la pintura, el grabado, la escultura, todo. Luego seguí por mis propios medios, me vinculé a la Casa de la Cultura como maestra de niños de alto riesgo y trabajé después por mis propios medios, necesitaba buscarme la vida y de eso he vivido hasta ahora.

Lo más relevante que ha ocurrido en mi vida ha sido mi reasignación. Fue algo por lo que estuve esperando mucho tiempo, prácticamente desde niña. Yo siempre soñé que eso existía, en mi imaginación siempre soñé que iba a bajar un hada y yo no iba a amanecer así. Yo iba a estar dormida con las piernas abiertas, me iba a destapar e iba a amanecer ya completa. No me lo trajo un hada pero me lo trajo el Cenesex.

Ha habido cambios, se ha superado mucho esa conducta agresiva que tenía hacia nosotras la sociedad, pero todavía falta. Yo vivo en un municipio en Guanabacoa de raíces africanas, muy machista, entonces es muy difícil. Lo que es la parte comercial, yo trabajo lo que se llama arte naïf, es un arte ingenuo. Trabajo mucho el tema de las negras porque son muy comerciales y me gusta mucho porque mis raíces son africanas, mi abuela era negra, mi bisabuela era negra, mi mamá es mulata.

También me gusta trabajar mucho el tema de La Habana porque tiene mucha tela por dónde cortar. La habana es rica en elementos coloniales, elementos españoles, elementos culturales, elementos africanos. La Habana para mí no tiene horizonte, cuando busco, cuando estudio, siempre encuentro.

He participado en exposiciones colectivas, he donado mucho a actividades municipales, no solamente pinturas, he hecho dibujos y grabados. Con mis propios recursos hago grabados artesanales, imprimiendo con un rodillo manual, con una botella sobre cristal. Mis trabajos están en la calle y han gustado.

Mi trabajo personal es el surrealismo, me gusta mucho porque es más una experiencia espiritual, más del alma. Son mis sueños, las cosas que me maquinan, las cosas inverosímiles que un ser humano se imagina. Todas las personas tenemos sueños inverosímiles, cosas que no tienen ni pie ni cabeza, todos fantaseamos.

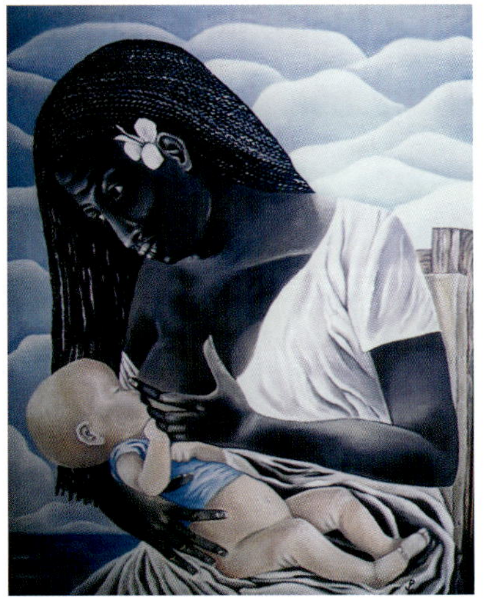

Painting by Yanet
Pintura de Yanet

Acknowledgments

I am very grateful to all the gender-nonconforming women, their boyfriends, and family members for offering me entrance to their lives, without embarrassment or resentment for the difficulties they encounter. Their openness and generosity continue to elate me.

If I hadn't met Amanda, Nomi, and Malu, I would not have been able to create this book. Without Amanda's warmth and loving care, Nomi's ability to translate, interpret, and share her feelings, and Malu's organizational gifts, can-do attitude, and quick intelligence, I would never have come to know so many extraordinary people. Resilience personified, this triumvirate never stopped making me laugh.

Many thanks to Allen Frame, for his discernment and the encouragement he has given me over the past twenty years. Thank you to Wendy Watriss, for her generosity in creating FotoFest, where so many photographers have gained knowledge and success. I am thrilled that Michael Itkoff, thanks to our meeting at FotoFest, chose me as his "Discovery of the Meeting Place" and invited me to publish with Daylight Books. A special thank-you to Ursula Damm, who designed *TransCuba* and was such a pleasure to work with. I want to acknowledge Mariela Castro Espín, for her untiring work to end discrimination against transgender and gay people in Cuba and, by extension, in the rest of the world. The picture of charm and grace, Mariela is powerful and inspirational.

Thank you to Keren Moscovitch, my number one cheerleader and coordinator of online media publicity; Marcia Duprat, translator extraordinaire; Veronica Vera and Donna Gray, special editors; Ruby McNeil and Vanessa Star, who worked through every task with great skill, understanding, and goodwill; Azhar Chougle, refined website designer; travel agent Myriam Castillo and her wonderful staff; Jon Alpert and Ros Ramos, from the Downtown Community TV Center, for their generosity; and Dick Nodell, for astute support over the years.

Rcconocimiento

Le doy muchas gracias a las mujeres no conformes con su género, a sus novios y sus familiares por abrirme la puerta a sus vidas, sin pena o resentimiento hacia sus dificultades. Su franqueza y generosidad siempre me genera mucha alegría.

Si no hubiese conocido a Amanda, a Nomi y a Malu, no hubiese podido crear este libro. Sin el cariño y calor de Amanda, las habilidades de traducción, interpretación y los sentimientos de Nomi, y la organización, inteligencia y proactividad de Malu, nunca hubiese podido conocer a tanta gente extraordinaria. Este trío nunca dejó de hacerme reír.

Muchas gracias a Allen Frame, por su discernimiento y el estímulo que me ha dado durante los últimos veinte años. Gracias a Wendy Watriss y Fred Baldwin, por su generosidad al crear FotoFest, donde tantos fotógrafos han ganado tanto conocimiento y éxito. Estoy encantada de que Michael Itkoff, después de haberme conocido en FotoFest, me haya escogido a mí como su "descubrimiento del lugar de encuentro" y me haya invitado a publicar este libro con Daylight Books. Quisiera reconocer a Mariela Castro Espín, por su arduo trabajo para terminar la discriminación contra los transgéneros y homosexuales en Cuba, y por extensión, en el resto del mundo. Con encanto y gracia, Mariela es poderosa e inspiradora.

Gracias a Keren Moscovitch, mi animadora número uno y coordinadora de mi publicidad mediática; Marcia Duprat, traductora; Veronica Vera y Donna Gray, editores especiales; Ruby McNeil y Vanessa Star, quienes han trabajado con gran habilidad, entendimiento y buena voluntad; Azhar Chougle, diseñador web; a mi agente de viaje, Myriam Castillo, y a su maravilloso equipo; a Jon Alpert y Ron Ramos de Downtown Community TV Center, por su generosidad; y a Dick Nodell, por su apoyo durante los años.